火车与飞鸟

THE TRAIN & BIRD

经济学
经典俗语解析

Analysis of Classic
Economic Common Sayings

傅顽璐 —— 著

重庆大学出版社

图书在版编目（CIP）数据

火车与飞鸟：经济学经典俗语解析 / 傅顽璐著. --
重庆：重庆大学出版社, 2021.6
　　ISBN 978-7-5689-2708-6

　　Ⅰ.①火… Ⅱ.①傅… Ⅲ.①经济学—通俗读物
Ⅳ.①F0-49
　　中国版本图书馆CIP数据核字（2021）第095503号

火车与飞鸟
——经济学经典俗语解析
Huoche Yu Feiniao
——Jingjixue Jingdian Suyu Jiexi

傅顽璐　著
责任编辑：尚东亮　　版式设计：程麟飞
责任校对：黄菊香　　责任印制：张　策

....

重庆大学出版社出版发行
出版人：饶帮华
社　　址：重庆市沙坪坝区大学城西路21号
邮　　编：401331
电　　话：（023）88617190　88617185（中小学）
传　　真：（023）88617186　88617166
网　　址：http://www.cqup.com.cn
邮　　箱：fxk@cqup.com.cn（营销中心）
全国新华书店经销
印刷：重庆俊蒲印务有限公司

....

开本：890mm×1240mm　1/32　印张：9.375　字数：196千
2021年6月第1版　　2021年6月第1次印刷
ISBN 978-7-5689-2708-6　定价：48.00元

....

我们生活在一个经济的世界。经济一词追根溯源，在汉语里最初的含义是经邦济世，这个词给人的感觉绝对是高大上的，那是居庙堂之高的国之栋梁在发挥他们的聪明才智，为国担当，为国谋划。从这个角度讲，经济学似乎离我们很遥远；但实际上，时代发展到今天，从未有一门学问比经济学离我们更近。

什么是现代意义上的经济学？对此不同学者有不同高见。著名经济学家马歇尔曾对经济学作过一个简洁而形象的定义："经济学是关于人类一般生活事务的学问。"的确如此，在日常生活中，我们每个人都在有意无意地运用经济学规律进行选择和取舍，从消费、投资、理财、营销、管理到人际交往、职场竞争、爱情婚姻等，这些都是经济活动，都包含着一些经济学规律。经济学就在我们身边，表现在我们的举手投足之间。

经济学来源于生活，它的最终目的也是为生活服务的。生活有了经济学的指导，可以帮助你更好地做出符合自己利益的选择，让我们可以过得更好。对此一位学者曾深有感触地说："经济学能够让人更好地理解这个世界，也就能更好地安排自己的生活。"

经济学是一门既古老又年轻的学问。说它古老，是因为自有人类历史以来，经济活动和经济学思想就自然而然产生了；说它年轻，则是因为近年来经济学不断拓展研究领域，越来越成为一门流行的学科。经济学不仅跟生活中的柴米油盐、衣食住行息息相关，而且已经超越传统的研究领域，甚至把哲学、政治学等其他学科的诸多问题都纳入自己的研究视野，体现出"囊括四海、并吞八方"的雄心。当代经济学家不仅研究经济政策，还研究历史、政治、文化以及人类生活的各个方面。一个叫贝克尔的美国经济学家就曾经用经济学观点研究生儿育女、犯罪心理等题材，他因此获得了诺贝尔经济学奖。当前经济学的触角几乎可以延伸到社会生活的每一个角落，为此，还有人发明了"经济学帝国主义"的称号。意即经济学已超越自己原本的角色，攻城拔寨侵入其他各类行业，为世人了解各个行业并从一个理性且全新的视角观察世界提供了帮助。

在经济学家"众人划桨大船开"的不断努力下，经济学理论发展到一种此前任何一个时代都没有达到的高度。目前社会科学中唯一设诺贝尔奖的只有经济学，一年一度的诺贝尔经济学颁奖仪式更是成了经济学科的庆典。可以说经济学发展到今天，已经成为体系完整、论述严密的"社会科学之王"。

当代经济学的基本理论，是自亚当·斯密以来经济学家的共同智慧，是人类社会的文明成果。从专业学科领域来看，经济学被一般人认为是一门复杂、高深的学科，单纯的经济学理论甚至让人觉得枯燥无趣，但是经济学实际上又最贴近生活，里面的定律原理都是经过社会实践不断总结出来的，都有现实生活原型。于是经济学家们为了让普通人更好地理解消化，便纷纷以通俗浅显的举例来解释或者证明自己的理论。在西方经济学中，用举例比方来阐明一个定理、一个规律可以说是司空见惯，正如现在一提起"看不见的手"，人们就会联想到市场机制，一提起"大炮和黄油"，人们就知道这是指资源稀缺带来的经济学最大的假设话题。这些举例比方既简单明了、通俗易懂，又几十年上百年一贯制，成为一种传承。到了 20 世纪，西方经济学中的举例不仅已经发展到了经典化的地步，甚至有些定理不举例已不足以说明问题，而且所举的例子已约定俗成，具有不可替代性。

例如被一些学者认为博大精深、深奥无比的科斯定理，就是通过一个简单的"牛群到毗邻的谷地里吃谷"的故事来完成的；1977 年诺贝尔奖获得者米德在论述外部性的发生与补偿时，给读者讲述的是"蜜蜂与果园"的例子；同样论述外部性，英国经济学家庇古的举例更为浪漫与优美，是"火车与飞鸟"的故事；还比如一提起1848年英国经济学家穆勒最初举例的"灯塔故事"，大家便知是指公共物品消费中收费难问题，在此后的一个半世纪里，灯塔便"常明不熄"，频繁地出现在各种经济文献之中，几代人传下来，一直到今天，"灯塔"已成为经济学中举例说理的一种象征。百年以来，经济学家的笔下为后人留下了许许多多的经典性案例故事，这些故事至今被人们津津乐道，在无数的讲堂、教材和学术讨论中被频频引用，也使得20世纪的经济学诗意盎然，如诗如画，美不胜收。

异曲同工的是，在历史长河中我国流传下来的一些成语典故既是古人智慧的结晶，也蕴含着浅白而又深刻的经济学原理。例如"无商不奸"反映了对人人都是经济人的认识；"物以类聚"触摸到了现代产业集群的思想；"买椟还珠"体现了包装在商品销售中的重要作用；"童叟无欺"则提到了商品经济中诚信的重要性。可以说上述典故俗语不仅内容丰富有趣，而且都隐含着经济学的智慧，是千百年来人们对自身经济行为的总结。

经济学的繁荣离不开火热的经济生活，蓬勃发展的经济实践是经济学这枝人类智慧的花朵赖以生存的土壤。改革开放以来，随着社会主义市场体制的不断发展、完善，我们总结出了很多值得推广的成功经验，同时在经济理论的发展创新与普及当中也推出了一批具有中国特色的典故俗语，它们是对包罗万象的现实经济生活的真切反映，并且广为传播，为老百姓耳熟能详，如"摸着石头过河""做蛋糕与切蛋糕"等。

从大的方面说，现代经济学理论一旦被广大的社会经济活动参与者接受并深入人心，它就会形成推动社会主义市场经济建设和体制改革的巨大力量，带动整个社会的全面进步，这是改革开放以来我们推广、学习、应用经济学理论最重要的意义。从小的方面说，在市场经济观念深入人心的大背景下，掌握一些市场经济规律、了解一些经济学知识对自身生活质量的提高确实有益，大多数人也都意识到了这一点。所以，现在每年高考财经类相关学科的报考最为热门，新华书店经济类书籍最为走俏，高校内经济学类讲座最为爆满，经济学家更是成为社会上下瞩目的明星人物，经济学一时有"显学"之尊。

记得"文化大革命"时期曾流行一句伟人语录："让哲学从哲学家的课堂上和书本里解放出来，变为群众手里的锐利武器。"一时间活学活用哲学运动红遍整个神州，而现在的感觉似乎是经济学要大行其道了。面对扑面而来的经济学热潮，您可能心有余而力不足，毕竟大多数人不是专业研究经济学的，日常生活中有着繁重的工作和生活压力，根本无暇去读厚重的经济学经典，也没有足够的能力去理解那些只有经济学大师们才能掌握的数学求证推导公式，经济学理论和专业术语对自己来说可能显得过于深奥。那么解决这一问题的出路在哪里？

要让经济学从阳春白雪式的书斋清谈变为下里巴人的大众之学，解决这一问题的出路便是经济学的通俗化、大众化、科普化。经济学曾被戏称为"沉闷的科学"，的确，有些时下的教科书和文章的表述晦涩、枯燥、沉闷，字里行间充满着要把简单变为复杂的"玄奥"，读起来让人兴趣索然、昏昏欲睡。但经济学的社会设计和社会启蒙两大任务决定它并非仅属少数人在书斋里摆弄的庙堂之学，而是大众认识世界和认识经济生活的工具。经济学本来来自现实生活，应该是丰富多彩而生动活泼的，它必须让大家读得懂，读得饶有滋味，读得有所启发。

近些年广大经济理论工作者为传播普及经济学的基本理论知识付出了相当多的努力，也取得了很好的成效，现在市面上经济学普及性读物的流行以及经济学家随笔作品的热销便是一个很好的证明。此外，众多经济学学者纷纷在报刊网络上以专栏的形式发表文章，他们或就老百姓关心的国内外经济热门话题、事件及时作出纵深报道和描述，或结合实际，把一些经济学的前沿知识介绍给大家，这种形式多为大家所喜闻乐见。因为作者在讲述一个个看似信手拈来的典故的同时，将经济学中一些基础理论明白地解释出来，寓教于乐，雅俗共赏。

本书也循着这样的风格脉络，以经济学理论中为人所熟知的带有一定故事情节及思辨色彩的典故俗语为主线，既包括西方经济学中传统经典案例，也包括在经济理论的发展创新与普及中出现的一些具有中国特色的典故俗语，试图以趣味生动的故事和平实浅显的话语，阐明现象背后的一些经济学基本原理。

孔子曾经说过："学而时习之，不亦说乎？"那么我希望读者能够抱着一种轻松愉快的心情翻阅这本书，在品尝粗茶淡饭的同时能有所裨益。

让我们一起走进书中，共同感受经济学带来的妙不可言的快乐吧！

傅顽璐

2021 年 3 月

目录

大炮
和黄油

—— 经济学的研究对象

有这样一个经济学的故事，说一个年轻人问犹太法师，怎样和年轻女子交谈使之成为朋友。犹太法师答道，要想取悦她们，最好的话题是谈食物、家庭和经济学。这个年轻人深有所悟，于是立刻付诸行动，打电话给某个倾心的年轻女子，并且一上来就问，你喜欢吃面条吗？不，她诧异地说。他跟着问，你有兄弟吗？她茫然地说，没有。然后他继续追问，假设你有一个兄弟，他会喜欢吃面条吗？

故事讲到这儿大家可能觉得莫名其妙，甚至觉得这个年轻人有些神经大条，但是，这个故事却揭示了经济学家常用的一种思维工具——假设。在进行理论研究时，通过做出假设，去除一些旁枝末节的因素，可以使研究对象更为简化，使解决问题变得相对简单。

经济学里的最大的假设便是大炮和黄油的假设。假定一个国家，它所有资源不干别的，全部用在生产两种产品上面，一种产品是大炮，另一种产品是黄油。大炮代表这个国家的军费开支，黄油代表这个国家的民用开支。我们现实中所遇到的矛盾是，在技术条件和资源总量保持不变的情况下，如果这个国家想多拥有一些黄油，则必须以放弃一些大炮为代价；同样，如果我们想得到更多的大炮，则必须放弃更多的黄油，正所谓"鱼和熊掌不可兼得"。

一个国家国库中的钱是有限的，多用一元于军费开支，必然少用一元于民用投资或消费。而且在黄油与大炮之间又没有绝对取舍标准，公民对此选择评价不一，穷人偏向于黄油，而富人偏向于大炮，全民的愿望通常不可能同时实现。在这样的情况下国家首先面临的难题就是，你只有那么多的资源，你要把这些资源中的多少用于生产大炮来加强国防，多少用于生产黄油来满足居民消费。在所有这些大炮和黄油的生产组合中，选择哪一对组合，也就是如何配置有限的资源以达到效率最优，就成了经济学研究的中心问题。

任何一个国家都希望有无限多的大炮与黄油可供调遣使用，这是欲望的无限性。但现实的境况是，任何一个社会用于生产大炮与黄油的总资源是有限的，这是社会所面临的稀缺性。因此，所有的国家在取舍之前都要好好地盘算，自己到底生产多少大炮与黄油最为合适，这是社会所面临的选择问题。而且问题的难点、症结点在于做出选择并不是无代价的，即在资源一定的前提下，多生产一单位大炮，就要少生产若干单位黄油，为多生产大炮所放弃的黄油数量就是生产大炮的机会成本。大炮和黄油的假设故事背后实际上隐含着经济学的两大核心思想：承认稀缺性的现实存在；社会如何利用稀缺的资源生产有价值的商品，并将它们分配给不同部门及个人。

人类社会的基本问题是生存与发展。生存与发展就是不断地生产出物质产品来满足人们日益增长的需求。需求来自人类的欲望，而人类欲望的特点在于无限性，即欲望永远无法得到完全满足。这有点像普希金的童话《渔夫和金鱼》中的那个老太婆，最初只不过想要一个新木盆。第一个愿望被满足之后，第二个要木房的愿望接踵而来，紧接着是第三个愿望，要做世袭的贵妇人，一个接一个，胃口越来越大。老太婆无休止的追求变成了贪婪，最终受到了惩罚，又回到从前的贫苦，面前依旧只有一只旧木盆。

古时一首《不知足》诗，更是淋漓尽致地把人心不足的特点表现了出来："终日奔波只为饥，方才一饱便思衣。衣食两般皆具足，又想娇容美貌妻。娶得美妻生下子，恨无田地少根基。买得田园多广阔，出入无船少马骑。槽头拴了骡和马，叹无官职被人欺。县丞主簿还嫌小，又要朝中挂紫衣。作了皇帝求仙术，更想登天跨鹤飞。若要世人心里足，除是南柯一梦西。"

从古至今，在欲望的驱使下人类社会源源不断地创造财富，尤其到了近代，随着工业革命的起航，人类社会创造的财富越来越多。尽管物质财富不断地丰富，但相对于人的欲望而言，已有的资源量却总是显得捉襟见肘，这就是经济上所讲的稀缺性。稀缺性存在于人类社会的整个历史和所有方面，正是资源具有稀缺性，才导致了人类的征战杀伐、巧取豪夺、尔虞我诈……一部人类血泪史，也是一部资源掠

夺的历史。

　　所有的经济学问题都来自一个基本的生活事实：我们想要得到的比我们能得到的更多。我们想要一个和平安全的世界；我们想要清洁的空气、湖泊和河流，想要活得长寿健康；我们想拥有财富，想出人头地，想获得社会地位，想得到别人的尊重……相对于现实有限的资源，人类的欲望永远无法得到完全满足。人之所以有痛苦并且挥之不去，就在于欲望与现实的绝对差距，差距越大，痛苦也就越深。

　　另外，从经济学的角度看，资源的稀缺性和这种资源本身的重要性并无太大关系，稀缺主要是相对需求和供给的关系而言。例如水是一切生命之源。有了它，整个世界才有了生命的气息；有了它，我们的世界才变得生机盎然。水资源的宝贵性怎么形容都不为过。前些年我国华北地区由于水量短缺、水体污染，可用的地表水所剩无几，因此人们不得不超采地下水来填补庞大的用水缺口，由于地下水严重超采，地下水位直线下降，在昔日的"泉城"济南，大量的传统涌泉景观彻底消失。对此有专家大声疾呼，如果再一味开采地下水，20 年之后，整个华北地区便会面临无地下水可采的局面。鉴于华北地区人口稠密，所拥有的水资源极度短缺，从长远计，我国被迫花费巨大的人力物力，不惜启动南水北调工程来救急。资源的稀缺性还是一种普遍性的涵盖，它不仅指自然资源，还包括时间资源、人力资源等。所有无力满足我们内心想要的都是稀缺资源。

　　正是由于资源的稀缺，我们在日常生活中，总要面临很多取舍，比方说，本科毕业后是先找工作还是去考研，有钱了是先买房子还是先买车，早餐是吃煎饼还是肉夹馍，择偶取向到底是刘诗诗还是高圆圆……

著名的女经济学家罗宾逊夫人曾经在一本通俗的经济学读物中讲了一个故事，以此来说明什么是经济学研究的对象。这个故事说的是一个果园大丰收了，果子多得吃不了，主人热情地邀请你过去做客，你可以任意地采摘果子，任意地享用。罗宾逊夫人说，这个时候，这个果园里的果子就不是经济学中要研究的物品，因为它不稀缺。一个物品是稀缺的，就意味着你不能任意地获取它；或者就算你取得了，也不可能任意地来消费它。试想想，这个东西是稀缺的，那么我首先就得费心思去考虑把它用到什么地方最合适。这个问题展开了，就是稀缺资源的配置问题。

经济学就是关于稀缺性资源配置效率的学问，就是琢磨如何把稀缺性的资源用到最需要的地方去，研究怎么抉择才是最划算的。无论是对一个国家、一个企业，还是对一个家庭、一

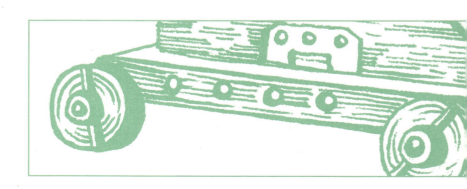

个个体，都有一个资源的配置问题。在资源配置过程中，每个社会组织必须解决三个问题，即生产什么、如何生产和为谁生产。这也就是经济学由稀缺性基本前提而展开的三大基本问题。

　　其一是生产什么？"生产什么"要解决的问题是如何选择用总量既定的生产资源来生产哪些产品，并最大限度地满足人们的需要。在资源稀缺性的前提下，生产一种产品就意味着生产另一种产品的机会减少。所以，生产什么和生产多少成了经济学的首要问题。例如，准备开工筹建企业了，你应该多生产空调还是电视？多生产棉衣还是衬衫？多生产物美价廉的实用餐具还是精美的金银餐具等，这些都是生产过程中要取舍的问题。在我国计划经济时期，生产什么，生产多少是由政府主管部门根据对需求的大致推断来做出决定的，生产单位是没有决定权的。我们试图用计划体制实现供给与需求总量的平衡对接，但事实证明这个方法在现实中行不通。改革开放以后随着社会主义市场经济体制的逐步确立，这个老大难问题得以基本解决。

办法就是政府不再亲力亲为，而是权力下放，交由市场的供给和消费者的需求来决定，也就是说主要靠"市场为王"来自发调节。当然，政府在其中也起到宏观调控作用，通过有形之手和无形之手相互配合，实现社会总供给与总需求的大致平衡。

其二是如何生产？"如何生产"要解决的是在生产同一种产品的许多不同方法中，选择一种成本最低或最有效率的方法。正所谓"条条道路通罗马"，每一种产品都有不同的生产方式，像过去农作物一般靠人工、畜力等落后的生产方式进行种植。如今，由于机械化水平的提高，现代化机器可以代替人工、畜力，并能以更高的效率生产出更多的粮食。这实际上就是劳动密集型和技术密集型生产的区别所在。尤其是随着当今社会互联网与电商的崛起，如何生产这个问题有了全新答案。企业生产不再盲目，销售不再靠天吃饭，一切都可以通过与平台、用户之间的有效互动，实现高效与精准的生产，使得供给与需求点对点无缝链接，也就是说企业可以实时按需求量进行生产，并且产品可以个性化定制，从而避免库存积压和"千人一面"。这在传统机制运作的时候，形同天方夜谭，而在今天大数据时代，一切皆为可能。

当然，一定时期选择何种生产方式，答案并非一概而论。技术密集型当然可以提高劳动生产率，但同时会出现大量"机器排遣工人"的现象；而劳动密集型尽管可以安排更多的工人就业，但生产效率不高，不能代表先进生产力发展的大势方向。因此从社会全局出发，政府在解答"如何生产"这个问题时，既要考虑技术的提升，也要考虑社会的充分就业，有时候要在两者之间寻求一个平衡点。

其三是为谁生产？稀缺性的限制，导致人们需求的产品或服务并不能足量满足，在这个前提下，"为谁生产"是指生产出来的产品和劳务如何分配给社会的各个集团和个人，由谁来享受经济活动的成果。尤其是货币出现以后，商品分配很大程度上取决于拥有货币的多少。大家都明白钱多就可以享用更多的商品及服务，"为谁生产"这个问题也就演化为以货币为代表的财富如何分配？是大部分财富聚集在小部分人手里，还是平均分配给社会的每一位成员？分配方式科学与否直接关系到社会成员劳动积极性的调动及社会秩序稳定等问题，所以，产品的分配也是经济学研究的一个重要问题。

对于尚处在社会主义初级阶段的中国来说，生产目的是大力发展生产力，满足人民日益增长的美好生活需要。所以在分配领域我们坚持发展成果由人民共享，最终实现共同富裕的指导思想，实行以按劳分配为主体、多种分配方式同时并存的个人收入分配制度。正是始终依靠坚持以人民为中心，把个人劳动付出与收益挂钩，极大地调动了广大人民的生产积极性和创造性，改革开放以来我国社会生产力、综合国力、人民生活水平实现历史性跨越，创造了世所罕见的经济快速发展奇迹和社会长期稳定奇迹，同时还创造了人类减贫史上的奇迹。

灯塔
的故事

—— 公共产品的供给

在一个靠海的渔港村落里，大部分村民都是靠出海捕鱼为生。港口附近礁石林立，船只一不小心就可能触礁沉没而人财两失，久而久之村民都觉得该盖一座灯塔，以便在茫茫黑夜里为过往的船只指引方向。这里假设大家对于灯塔的位置、高度、材料、维护都毫无异议，那么，剩下的问题就是怎么样把钱拿出来，分摊盖灯塔的费用。

既然灯塔是让渔船趋利避祸，就依村民的船只数平均分摊好了。可是，船只有大有小，大的船只捕鱼量多。所以，应该看渔获量，谁捞得的鱼多，收入较多，自然应负担比较多的费用。可是，以哪一段时间的渔获量为准呢？要算出渔获量还得有人称重和记录，谁来做呢？而且不打鱼的村民也间接地享受到美味的海鲜，也应该负担一部分的成本。所以，依全村人口数平均分摊最公平。但如果村里有人是素食主义者，不吃鱼，难道也应该出钱吗？还是以船只数为准比较好，船只数明确可循，不会有争议。

讨论到这里，又有人出来反对：虽然家里有两艘船，却只是在白天出海捕鱼，傍晚之前就回到港里。所以，根本用不上灯塔，为什么要分摊？或者，有人表示：即使是按正常时段出海，入夜之后才回港，但是，因为是下海老手，所以港里港外哪里有礁石，早就一清二楚，闭上眼睛就能把船开回港里，当然也就用不上灯塔。

好了，不管用哪一种方式，就算大家都勉强同意，最终采取一种方式修建起了灯塔，可是矛盾并没有就此解决，后面的问题又来了。灯塔为过往的船只提供光明，引导它们绕过暗礁，安全航行。但是后来村民发现除了本村的船只以外，别的村很多船只都因此而"沾光"，享受了灯塔所提供的服务，但他们之前并没有凑份子修建灯塔，之后也并没有因此而付费，必须要把他们排除在外。深入讨论后大家发现对外村村民的这种"沾光"行为还无招可治，其原因就在于黑夜茫茫的大海上，本村的村民无法准确地判别哪艘船"偷看"了灯塔发出的光线，也没有哪个村民愿意自告奋勇、一心为公地去收取外村的导航费用。修建灯塔这一个乍看简单的问题，一掰开讨论居然如此复杂，百般无解之下眼看着修建灯塔一事要黄，但灯塔又是渔民出入安全必不可少的保障，用什么方法能让灯塔早日矗立起来？为此大家都犯了愁。

灯塔的故事在经济学里名头特别响，很多经济学家都曾以灯塔为例，来论证政府提供公共产品的必要性。著名经济学家张五常甚至说："灯塔是经济学上的一个里程碑。一提起这个诗意盎然的例子，经济学者都知道所指的是收费的困难，这种困难令灯塔成为一种非政府亲力亲为不可的服务。""灯塔"一词引发了经济学领域逐步形成一门专业理论——公共产品理论，这在其他学科领域恐怕是很难看到的。"灯塔经济"意在说明公共设施、公共服务等公共产品在社会生活中的重要作用，以及如何有效地向社会提供这些公共产品。

早在1848年，英国经济学家穆勒便以灯塔的故事为例证，在他的名著《政治经济学原理》中分析了灯塔必须由政府出面建造的理由。在自由市场上，我们购买了别人的商品或者别人的服务，是要付钱的，比如你在超市里掏了钱才能得到牛奶面

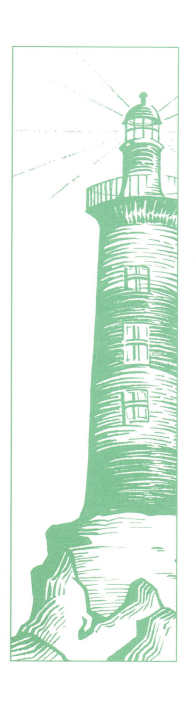

包，而且面包牛奶你一个人下肚了之后别人就不能再享用。灯塔的光线却不是这样，灯塔所绽放的光芒穿透沉沉夜幕，给过往的船只指点方向，令其迷途知返。殊不知即使你不付钱，也是可以享受到灯塔的指引服务，别人很难因为你不付钱而把你排除在服务范围之外，而且，灯塔照明的成本是固定的，多一艘船享用不会使光芒减少一丝一毫。所以，灯塔若由私人建造可能收不到钱，而应该由政府建造并进行不收费的经营，其根本原因在于灯塔属于一种公共产品。

经济学上所讲的公共产品是指与个人是否愿意购买无关，社会每一个成员都能获益的物品或服务，如国防、教育、消防、重要交通基础设施等，这是任何一个社会发展所必需的，关系到全体国民的基本福利。与公共产品相对应，我们平时购买的一些商品，如食品、衣服等则被称为私人产品。公共产品与私人产品相比较，具有非竞争性、非排他性和不可分割性三个显著特点。

非竞争性是指同一单位的公共产品可以被许多人消费，消费者在同别人共同消费公共产品时的收益，同其单独消费该公共产品时取得的收益相同，大家彼此间不存在利益冲突，故而能相安无事、互不干扰。比如，带有强制性的义务教育，就是典型的公共产品。每个孩子都可以背着书包上学堂，不会因为你家孩子上学了，我家孩子就上不了。

非排他性是指只要某一社会存在公共产品，就不能排斥该社会的任何成员消费该种产品。最典型的例子是国防，一国的国防一经设立，就不能排斥该国任一公民从中受益，它是对全部国民的安全保卫。公共产品这一特征与私人产品形成鲜明对照。私人产品具有排他性，一个人消费某个产品，其他人就不能同时消费这一产品。由于排他性，私人产品可以采取收费的方式进行调节。比如有的明星大腕给自己安全加码，在已享受国防、治安等公共产品的基础上，自己额外掏钱雇用私人保镖，

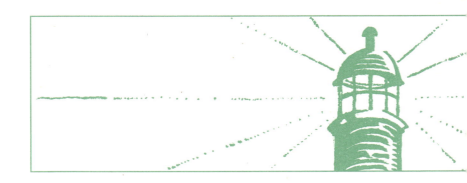

雇保镖属于为个人量身定做的私人服务，"我的眼里只有你"，保镖只保护出钱的雇主，而不对其他人负责。在市场交易中，任何一个人若不交费，就可以排斥他对私人产品的消费。但是要采取收费的方式限制一个消费者对公共产品的消费是非常困难的，甚至是不可能的。

　　不可分割性指公共产品只有作为一个整体才具有完整的效用，若把它分割成若干部分，则每个部分都不能给人们带来实际效用。有这么一个笑话，某小青年坐公交车，一不小心把一块车窗玻璃给打碎了，售票员要他进行赔偿，谁知这位小青年不但不赔，反而理直气壮地说，公共汽车是人民的公共财产吧，我是人民的一员，那么公共财产也有我的一份，玻璃破了，我在公共财产中所属的一部分不要就是了，还要我赔什么。这个小青年当然是在狡辩，因为公共产品是不可分割的，也不可能具体量化到某个人的头上，公交车只有作为一个整体才能发挥作用。倘若可以分为若干部分分给大家，你拿轮胎，他拿座椅，对所有的人来说都是得不偿失的，因为街面上再也没有人人都可乘坐的公交车了。

鉴于上述公共产品的三个特点，这里就会出现一个不好解决的问题。如果某人生产了某公共产品，这个社会的其他人也可以享受这个公共产品所带来的效用，而不必给生产者任何费用，经济学上对此形象地称为"搭便车"，意即想蹭顺风车而又不想买票的行为。倘若长此发展下去，这个社会上所有的人肯定都不愿生产公共产品而只想坐享其成，其最终结果是"三个和尚没有水吃"的结局。而公共产品又是一个社会正常运转所必需的，例如国防，一个国家若没有国防产品就无法抵御外敌的入侵，其结局必将是"国将不国"了。再比如社会治安，有钱的富豪明星当然可以雇用保镖保护自己，但任你再"豪气冲天"，任何个人都负担不起全社会治安的费用，而秩序井然又是一个社会长治久安必需的前提。

围绕着如何解决公共产品供给这一问题，经济学家进行了长久的讨论。最终大多数人认为，依靠市场机制，不可能解决灯塔的收费困难，公共产品的本质特征决定了人们在消费这类产品时，往往都会有不付费的动机，而倾向于成为免费"搭乘者"。这样，私人企业如果提供公共产品，就可能无法收回成本，因而不愿意去经营这些可以"搭便车"的公共产品。同时，由于公共产品的个人消费"量"是不确定的，价格机制不能有效发挥作用，也就是说，市场在这里会失灵。因此，为了弥补这种市场失灵，就得由政府出面建立一种公平公正的供给机制，向社会所有成员提供公共产品。政府这个时候必须挺身而出去解决公共产品供给这个难题，保障全体社会成员享受基本的无差别的公共服务，这也是政府应尽之责。

当然，话说回来，现实生活并不是非黑即白，还有些物品介于私人物品与公共物品之间，兼有私人物品与公共物品的特征，经济学上称之为混合物品。如高速公路，当车辆少又不收费时，没有竞争性和排他性，它属于公共物品。但当车辆拥挤又收费时，就有了竞争性和排他性，它就属于私人物品。这些物品与国防这类纯公共物品不同，这类混合物品可以由政府提供，如政府出资修建高速公路免费使用；也可以交由私人或企业按市场经济规律经营，即私人或企业投资建设，并实行收费。

时代发展到今天，纵观世界各国有关公共产品的供给，其提供形式已悄然多样化，除了纯粹的公共产品还是由政府统一提供以外，对于其他混合性公共产品，政府一般尽量广泛吸引民间资本参与，力求不断在公共产品领域谋求创新的盈利模式，寻找政府与私人皆大欢喜的解决方案。

比如在基础教育、医疗保健、社会保障等领域，政府与市场合作生产，以市场力量打破原有的政府垄断地位，弥补政府供给的相对不足。政府与市场各就各位，分工配合，由政府负责为那些购买力有限的中低收入者提供免费或廉价的公共产品，如廉租房或基础的公立教育和医疗，以维持基本的生存需要，由市场根据某些购买力较高的消费者的消费偏好，为他们提供符合他们偏好的公共产品，如质量更高、服务更好的私立教育或医疗等。这样一来，市场力量的介入不仅丰富了公共产品的数量，而且为不同的消费群体提供了更多可供选择的公共产品，大家根据自身经济实力进行选择，从而保证社会和谐有序，避免社会断层撕裂。

更重要的是，市场还可以利用市场机制本身所具有的活力去"对冲"政府易沾染的官僚习气，避免浪费和滥用资源，从而减少政府失灵，全面提高公共产品供给的质量和效率。政府在独家组织公共产品供给的过程中，由于没有优胜劣汰的竞争机制，没有竞争的对手，主管部门就可能为了一己私利，如为了增加升迁机会和扩大势力范围，不适当地扩大机构、增加办公人员、提高奖金和办公费用，从而增大公共产品供给成本。再加上现实中相关公共部门的职能有时划分过细，"铁路警察，各管一段"，彼此缺乏统一协调，公共基础设施建了不久又拆了重建，马路刚填平又重新挖开的现象屡见不鲜，浪费较大。将市场机制引入公共管理的传统领地，可以显著改善上述问题。

当然政府在公共产品这一领域的责任和主导地位不能因市场化取向和对于效率的追求而有所削弱，要知道公共产品的质量对现代社会人们的幸福指数的影响非常大，如更高质量的空气、公共卫生、公共秩序、公共安全乃至公平正义等。现实很多活生生的例证充分说明，如果在公共产品领域一味地强调效率，把公共产品完全市场化，政府图省事把本应该由政府承担的供给责任都推向社会和市场，自身又放弃监管之职，就容易破坏社会公平，造成社会群体间的隔阂和抵触，引发或加重一系列社会问题，这是一种在政策操作层面出现的值得警惕的错误倾向。

看不
见的手

—— 市场机制的作用

18 世纪，英国出现了一个叫亚当·斯密的大经济学家，后人尊称他为"现代经济学之父"。之所以亚当·斯密会享受这样一顶荣誉桂冠，其原因是他在 1776 年写了一本书，名叫《国民财富的性质和原因的研究》，简称《国富论》。这部举世公认的划时代的不朽著作，奠定了资本主义自由经济的理论基础，标志着古典政治经济学理论体系的建立，被誉为西方经济学界的"圣经"。此书的问世也一举确立了亚当·斯密在经济学界的泰斗地位。

《国富论》中有一个著名的"看不见的手"的理论。亚当·斯密在书中探寻：众多个人追求经济利益的活动与整个社会的经济进程如何协调？个人私利与社会公益如何统一？亚当·斯密经过苦苦思索最终发现，私利和公益实则都由一只"看不见的手"所引导，两者相辅相成，达到和谐均衡。

他说每一个人在做事的时候，都是从怎么达到个人的利益出发的，没有一个人首先想要促进社会利益。但是当他真正这样做的时候，就像有一只"看不见的手"在引着他去实现另一种目标，这种目标并非是他本意所要追求的东西，但其造成的结果要比他真正想促进社会利益的效果好得多，这只"看不见的手"确实有些神奇，资本明明是为了追求私利，却乾坤大挪移般地增进了公共福利。

比方说，当你某晚到达一个陌生的城市，你能找到旅店和餐厅入住安歇，但是你不必对此心存感谢，因为开旅店和餐厅的人的目的主要是赚钱，只不过在你身上赚了一笔的同时为你提供了便利，从而增进了整体的社会福利，用现在的说法是达到了"主观为自己，客观为别人"的目的。亚当·斯密认为，人性与社会性、私利与公益、经济动机与经济利益、经济行为与经济目标等，都由"看不见的手"均衡地汇集和合理地引导，从而使个人的利益与公众的利益相统一，社会经济因此协调健康地向前发展。

对于生活中的每个人而言，市场是再熟悉不过的地方，市场为我们带来了极大的便利，老百姓家庭中的开门七件事——柴米油盐酱醋茶，哪一样不需要从市场中购进？可以想象一下，如果没有市场，我们该如何获得自己想要的东西，整个生活恐将乱了套。市场最神奇的地方在于，它内生性地提供了一种运行机制，使得天南海北的人们能够相互进行不同商品的交易。

"看不见的手"是亚当·斯密对这种市场自发力量和秩序的一种形象比喻。在这个过程中，市场机制就像一只无形的手，指导生产、分配，让商家生产最有用的东西，并分配到最需要它的人手中。在亚当·斯密眼里，国家富强和经济发展的根本动力来自个人对自身经济利益的追求，只有最大限度地利用市场机制这只"看不见的手"来协调和引导私人经济活动，允许人们自主经营、自由贸易，才能增加资本积累、扩大劳动分工并最终促进国民财富的积累。

举一个现实的例子，羊肉炉是我国台湾地区南投县的特色小吃之一，很受消费者青睐。近年来，南投县很多商家看准了商机，专门制作羊肉炉，以满足消费者的需求。但他们收购羊肉原材料的做法在外人看来很不好理解，商家只收购当地养殖户在海拔 1700 多米高的山上养的 30 千克以下的绵羊。这种高山绵羊放开了长，重量达到 60 千克以上那是小菜一碟，可奇怪的是，当地商家都像商量好了似的，无一例外地"抓小放大"。要知道在南投县小羊的单价比大羊贵，按常人的眼光看，收购小羊在成本上就很不划算，但为什么商家争着收购小羊而不买大羊呢？对此商家老板有自己的解释，30 千克以上的羊，肉质比较老，煮起来发柴，膻味也不易去除；而 30 千克以下的羊，肉质细腻，膻味易去除。两相比较消费者肯定喜欢吃后者，既然如此，我们就要迎合他们的需求，这样，产品才不愁没有市场，才能赚得到钱。通过这个例子我们可以窥一斑而知全豹，市场这只无形的手就是以利益引导着社会经济活动，促使买卖双方各得其所、皆大欢喜。

亚当·斯密在《国富论》中反复告诫：只要国家不干预经济，经济自然就会发展起来。任何人为的干预或限制，哪怕是"好心"干预或"善意"限制，都会破坏"自然

关系"，对经济造成伤害。可见，市场中这只"手"虽然看不见，它却无时不有，无处不在，人们只能把握它、顺应它，不能无视它、背离它，因为它是客观规律。这便是以亚当·斯密为代表的古典经济学家极力倡导的经济自由主义思想。

在亚当·斯密看来，协调个人利益和社会利益的关键是市场机制，而市场机制是近乎万能的，任何对市场交易的人为干预都是不利于经济增长的，政府的作用就是保证市场机制的良好运作。为此，他主张将政府的职能严格限定在提供国防、司法等最基本的公共物品方面，坚决反对政府以任何形式干预私人经济活动。亚当·斯密的思想对西方国家经济发展影响很大，西方发达资本主义国家的早期阶段，普遍奉行亚当·斯密"看不见的手"的思想，把它当作金科玉律，政府职能被严格限制在"守夜人"的职能范围内。

1787年，亚当·斯密到伦敦与他的忠实信徒、英国历史上著名的首相皮特见面。亚当·斯密是最后一个到达会面地点的，当他一进屋时，所有人都起立欢迎他。亚当·斯密说："诸位请坐。"皮特回答说："不，您坐下，我们再坐，我们都是您的学生。"皮特对亚当·斯密如此恭敬，原因在于亚当·斯密提出的"看不见的手"的原理被当时各界名流奉为经典，于是，亚当·斯密也就当仁不让地享有尊贵"大佬"级别的待遇。即使到现在，经济自由主义思想仍然是现代经济学的中心。

在亚当·斯密这只"看不见的手"的指引下，英国的经济首先发展，随即又带动了欧洲、美国经济的发展，亚当·斯密的思想统治了资本主义世界150年之久，并为之带来了长久的经济繁荣。

马克思后来在他的著作中对亚当·斯密的"看不见的手"作了进一步的阐述发挥，他说"看不见的手"就是价值规律，市场机制实际上是价值规律的作用机制和实现形式，市场机制由价格、供求和竞争三个要素构成。价格体系是市场机制当中最重要的因素。市场机制之所以可以使经济活动有序地进行，就在于价格在市场经济中有两大功能：价格提供了信息和激励。如果价格太高，供给量就会超过需求量，就会出现产品过剩，供过于求，导致积压。于是生产者就会降价，降价一方面使供给量下降，另一方面使需求量增加，供求的差距缩小；如果价格过低，需求量就会超过供给量，出现供不应求，人们拿钱买不到东西，市面上就会发生抢购，由于有人愿意出更高的价格来买，致使价格上涨，供求差距缩小。同时在市场竞争的机制下，如果企业以更低的成本，更高的效率向市场提供质量更好、价格更优的产品，那么企业就会在激烈的市场竞争中占

据上风，从而获得更高的利润；相反，如果你的成本更高，效率更低，价格居高不下的话，那么就会出现亏损甚至被逐出市场。

　　价格的相对高低在市场经济中反映了商品和生产要素的稀缺程度，正是价格所提供的信息，加上企业的利润动机，生产者便知道应该生产什么、生产多少以及如何生产。由价格的变动引导资源在各产业部门由经济效益低的部门流向经济效益高的部门，从供给过剩的部门流向供给不足的部门。整个市场机制就如同一架精巧的机器，通过价格、供求、竞争因素相互作用，无意识地协调着经济主体行为，指引个别决策者在大多数情况下实现了整个社会福利的最大化。

　　实践充分证明，"看不见的手"通常会使市场有效地配置资源，但也并不是一直如亚当·斯密形容的那样是万能的或十全十美的，正如一句戏言所说，没有市场是万万不能的，但市场却也不是万能的。市场经济有它的缺陷，今天经济学家常用"市场失灵"这个词来形容市场经济天生的缺陷，并把"市场

失灵"归结为三大问题：

一是市场经济在配置资源方面有着其固有的缺陷。市场经济并不能包办一切，首先市场无法解决公共产品的生产问题，如国民经济正常发展所必需的公共基础设施等，像这种不以赢利为目的的投资项目难以通过市场机制自发解决。其次市场无法解决外部性问题，比如对自然资源的掠夺性开发会对生态环境造成严重破坏，以及司空见惯的随处抽烟会影响他人健康等。外部效应是独立于市场机制之外的客观存在，它不能通过市场机制自动削弱或消除，往往需要借助市场机制之外的力量予以校正和弥补。

二是市场经济的调节机制容易造成宏观经济的不稳定性。市场调节实现的经济均衡是一种事后调节并通过分散决策而完成的均衡，它往往具有相当程度的自发性和盲目性，易造成市场波动幅度及频率增大。另外，在激烈的市场经济竞争过程中，市场主体为了谋求最大的利润，往往把资金投向周期短、收效快、风险小的产业，一些投资金额大、回收周期长、经济效益低，同时对国计民生具有重大影响的项目，如果只是通过市场来供给，注定不能满足日益增长的需求，最终会导致产业结构不合理。也就是说，国民经济仅靠市场来调节，容易产生周期性的经济波动和经济总量的失衡。

三是市场经济中的调节机制也不能确保公平地分配经济成果。市场经济实行按贡献分配的原则，一般说来，市场经济能促进效率的提高和生产力的发展，但不能自动带来社会分配结构的均衡和公正。"看不见的手"并不能保证社会上所有的成员都有充足的食品、体面的衣服和充分的医疗保健。市场机制奉行等价交换、公平竞争原则，由于各地区、各部门、各单位发展的不均衡，以及每人的能力、努力程度和机遇的不同，因此必将造成其收入水平的差别，产生事实上的不平等。而竞争规律往往具有强者愈强，弱者愈弱，财富越来越集中的"马太效应"，导致收入在贫富之间、发达与落后地区之间的差距越来越大。这就需要政府运用收入再分配调节政策，使收入差距保持在社会可接受的范围之内。

　　尽管有不足和缺陷，但是话说回来，"看不见的手"这一经济机制学说的重要命题，至今仍不失真理的光辉，它具有任何其他机制和手段不可替代的功能优势。虽然后来又加上了"看得见的手"（政府宏观调控），可是，在市场经济条件下，"看不见的手"依然在资源配置上起着决定性作用，直到今天，经济学界仍把亚当·斯密这个价格调节经济的市场机制思想称为"经济学皇冠上的宝石"。

看得
见的手

—— 政府宏观调控

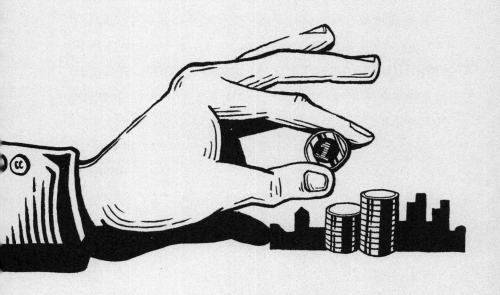

经济活动的一个根本问题，就是如何最有效地配置资源。能够对资源进行配置的力量不外乎两种：一种是市场的力量，另一种是政府的力量。市场的力量，主要通过供求、价格、竞争等机制发挥作用，人们通常称之为"看不见的手"；政府的力量，则主要通过制订计划、产业政策、财政和货币政策、法律规制以及行政手段，将资源有目的地配置到相应领域，人们通常称之为"看得见的手"。

20世纪30年代以前，在西方经济学界占统治地位的是以亚当·斯密等为代表的传统古典经济学理论，他们认为资本主义经济能借助市场机制的力量自动达到充分就业的均衡状态，并打造使社会资源实现最优配置的完美世界。倍加推崇之际，几乎所有的资本主义国家都把市场那只"看不见的手"奉为灵丹妙药，笃信自由竞争能够自动地推动社会向前发展。资本主义经济似乎成了一艘不要舵手的航船，自行飘摇就可以到达堆满黄金的彼岸。

然而，现实经济的发展并不像当初人们设想的那般美妙。20世纪初，资本主义由自由竞争过渡到垄断阶段，经济的周期性波动伴随着失业等不良经济现象时有发生，打破了传统古典经济学中市场无所不能的美妙幻觉。1929年，一个世界性的经济危机爆发了。大危机首先从美国开始，股市崩盘、企业破产、银行倒闭、工人失业、经济陷入大萧条，随即又波及整个西方资本主义世界。面对市场一蹶不振的光景，人们不由发出疑问，亚当·斯密那只"看不见的手"到哪儿去了？不是说它可以"包治百病""包打天下"的吗？在惨痛教训面前，人们终于认识到在现实世界中市场机制并非是万能的，单纯的市场具有自发性、盲目性和滞后性等诸多缺陷。如果仅由市场调节，会导致社会经济不稳定，发生经济波动和混乱，收入分配不公平，收入差距拉大等诸多问题。

根据对这场危机的思考，英国著名经济学家凯恩斯在1936年写了一本书，这本书的名字叫《就业、利息和货币通论》，简称《通论》，这本书是经济学历史上的一个里程碑。在书中凯恩斯不无自信地说，那只"看不见的手"解决不了经济危机问题，经济这么萧条，股市这么低迷，失业这么严重，你们束手无策了，我这里还有救市的锦囊妙计，我举荐的这个招术叫"看得见的手"。所谓"看得见的手"就是国家之手、政府之手。

在凯恩斯的书中有这样一个被后人津津乐道又争论不休的"挖坑理论"，他说：雇两百人挖坑，再雇两百人把坑填上，这就创造了就业机会。按照他的逻辑，雇两百人挖坑时，需要发两百个铁锹；当他发铁锹时，生产铁锹的企业开工了，生产钢铁的企业也生产了；当他发铁锹时还得给工人发工资，这时食品消费也都有了。等他再雇两百人把坑填上时，还得发两百个铁锹，还得发上工资。凯恩斯举这样一个浅显的例子，是想说明当一国经济萧条时，政府应该出来做事，用这只"看得见的手"，通过发行国债的方式把经济拉起来，把经济从大萧条中摆脱出来。

凯恩斯的政策主张十分简单明了，要实现充分就业，就必须抛弃自由放任的传统政策，单靠市场机制，不可能实现资源的最优配置，不可能使各种生产要素都得到充分利用。凯恩斯

主张政府通过宏观经济政策来发挥自己的作用，通过财政金融政策，配合其他必要措施，对国民经济进行干预，使之达到平衡。

凯恩斯理论并非纸上谈兵，西方国家在听从凯恩斯的建议后，普遍加强了国家宏观调控，果然从经济危机中走了出来，并为资本主义社会带来了30年的繁荣发展。1936年凯恩斯《通论》的发表，标志着西方经济理论的一次革命，即由崇尚自由放任转向重视政府干预。在这种思潮的影响下，国家这只"看得见的手"开始发号施令，政府在西方社会的经济调节作用大大增强。可以说国家运用经济学理论指导来干预经济生活的历史，是从凯恩斯时代开始的。凯恩斯的这一套理论观点和政策主张被后人称为"凯恩斯主义"。

尽管在不同时期对国家干预的力度和范围的大小的看法有所不同，但是在市场经济中国家不应对经济运行完全袖手旁观，而应有所作为，这一点已基本上不再受人怀疑。历史发展到今天，人们争论的一个大难题不是政府在经济发展过程中要不要有所作为，而是有"为"的尺度如何掌控？政府的职能在经济发展中应该如何定位？这些问题长期以来国内外都有不同的见解看法。

当前美国两大政党最有争议的问题之一就是政府对经济的干预力度问题。共和党力主政府的参与要少，诚如美国《独立宣言》的主要起草人、第三任总统杰斐逊所说："管得最少的政府是最好的政府。"相比较，民主党则坚信政府应该发挥更大的作用，而且该管的一定要管好。从整个美国历史来看，总体上政府对经济的干预和监管常常被限制在最小程度，而且即使要干预也经常是在其他措施未能奏效后而采取的"最后一步棋"。

以美国为代表的西方国家"大市场小政府"市场经济模式的形成是由其经济制度、政治环境等特定因素决定的，具有自己的特殊性。在以私有制为基础的经济制度下，私人资本最愿

意接受的经济秩序当然是自由放任和自由竞争，故而资本家对任何妨碍限制其谋求私人利益最大化的制度安排会本能地予以抵制和反对。另外，在西方的三权分立制度安排中，不同党派为各自代表的利益集团的私利而激烈争斗，相互掣肘和拆台，很难就重大经济和社会问题达成一致，作为执行机构的政府，其干预作用无形中被弱化，很难及时应对、解决经济社会发展中出现的重大问题和矛盾。

　　正如市场机制并非万能、完美无缺的，政府的宏观调控同样有其不可克服的弊端，并且随着政府对市场干预的增强，这种局限性和缺陷也日益显露，经济学上称之为"政府失灵"。

　　政府失灵首先表现为政府行为易造成资源配置的低效率。西方经济学认为，政府行为并非永远代表公共利益，政府官员在参与公共决策时有自私的动机。政府官员有时会从个人的得失出发，为追求选票和政绩，采取寅吃卯粮的短视行为来尽量满足选民种种不合理的要求，结果使政府财政赤字与日俱增，

政府的社会福利计划最终失败，造成资源的严重浪费。

另外，政府官员花的是纳税人的钱，由于没有产权约束，他行动时不必担心成本问题，加之政府的公共决策往往缺乏外在监督，所以政府官员的自由度甚至比市场中私人企业家还大，这使不计成本、任性而为的政府行为不断，最终大量政府开支悄无声息地落入特殊利益集团的私囊。一位经济学家曾对此警告说，"看得见的手"伸得过长，也可能变成"扒手的手"。事实也的确如此，已披露的国外不少国家的政府"丑闻"，大都与官员直接干预经济有关，政府干预经济无形中成为官员腐败的温床。

政府失灵的第二个表现是公共决策失误。政府对社会经济活动的干预，实际上是一个涉及面很广、错综复杂的决策过程。正确的决策必须以充分可靠的信息为依据，但由于市场中信息数量庞大，政府很难完全占有，加之市场经济活动的复杂性和多变性，更增加了政府对信息的全面掌握和分析处理的难度。还有即使政治家和官员的动机是着眼于公共利益，但限于个人的知识的不完备、掌握的信息不充分等因素，哪怕出发点是好的，他们行为的结果也仍可能导致政府决策的失误，并对市场经济的运作产生难以挽回的负面影响。

作为经济发展的推动力量，政府和市场有着各自的优势，也都存在失灵的问题。只有二者协调配合、形成合力，才能相互取长补短，推动经济持续健康发展。

如何协调处理好政府与市场的关系是一个知易行难的问题。回顾历史，我们在探索的过程中曾经走过弯路，在以往施行的高度集中的计划经济条件下，政府既是行政机构，又是经济组织，从制订生产计划、下达生产指标到调配资源、安排就业，政府基本上无所不管。应该看到，政府强势有为，有利于发挥制度优势，集中力量办大事。这一优势主要表现在国家能够有效整合社会资源，组织和动员社会力量实施一些重大项目，迅速提高生产力和国际竞争力。但另一方面，这也容易带来负面作用，表现为手伸得太长，管得太多太死，抑制了市场的活力。

1992 年，党的十四大明确提出我国经济体制改革的目标是建立社会主义市场经济体制，经过几十年的追寻探求，今天社会主义市场经济体制框架已基本建立，但总体来看，政府与市场的结合还有许多不尽如人意的问题。比如，一些地方和部门不是依照市场规律投资项目，而是靠长官意志拍脑袋决策；一些地方保护主义依旧盛行，靠"红头文件"隔离要素流通；一些领域仍对民间资本"明开暗禁"，民企转个圈便从"旋转门"黯然撤退；一些部门抱着审批权死死不放，使"跑部钱进"现象屡见不鲜……这些问题的存在，影响了经济发展活力和后劲。而所有这些问题归结到一点，就是政府和市场的关系还没有完全理顺。市场这只手还没有完全施展，政府这只手还没有收放自如，两者还没有达到"琴瑟和鸣"的最佳效果。

为此，我们必须紧紧围绕市场在资源配置中的决定性作用，深化经济体制改革，进一步厘清政府与市场的边界。就像一句老话所说的，牛司耕、狗护家，公鸡打鸣驴拉磨。各有各的职责，各有各的角色。乱了轨道串了频道，带来的只是混乱和无序。

在经历长期的、动态的实践后，业已证明市场机制是迄今为止人类所拥有的最有效配置资源的工具，在生产要素的分配、激发动力等方面具有政府不可比拟的优势。政府干预经济主要是为了弥补市场缺陷，政府的职能或行为被限制在一定范围内，而不是取代市场的功能去唱主角。凡是市场能做好的，尽量由市场去做；凡是能利用市场机制的，尽量引入市场机制，以此减少政府对微观市场主体和经济活动的干预。

在市场起决定性作用的前提下，现代市场经济中政府需当好三种角色：当好制度规则的制定者，根据经济、政治、文化、社会和生态文明建设的需要，完善市场经济制度设计和规划体系，营造公平竞争的市场环境和制度环境；当好市场运行的裁判员，纠正不合法、不合规、不合理的市场行为，弥补市场调节的不足，维护市场经济健康运行；当好公共产品的供给者，向社会提供足够的公共安全、教育、卫生、文化和社会保障、社会救助等公共服务，同时促进公共资源在城乡和区域之间均衡配置。

市场经济条件下政府对市场的干预主要通过货币政策和财政政策两大利器来实现。简单通俗地说，货币政策就是央行通过调节利息、存款准备金等方法，调控货币的供应量。经济不行了，多印钞票，给市场增温。经济过热，收紧货币，给市场降降温。财政政策是指经济不好时政府就自己买买买，减少税收，给予减免优惠政策，拉动经济；经济过热时则采取加税等手段，给各行各业降温。

火车与
飞鸟

——外部效应

20世纪初的一天，火车在绿草如茵的英格兰大地上飞驰。车上坐着英国经济学家庇古，他边欣赏风光，边灵光闪现地对同伴说：火车在田间经过，火车喷出的火花（当时是蒸汽机）飞到麦穗上，给农民造成了损失，但铁路公司并不用向农民赔偿。其原因就在于火车运行过程中产生的外部性，这也正是市场经济的无能为力之处。

将近70年后，1971年，美国经济学家斯蒂格勒和阿尔钦同游日本。他们在高速列车（这时已是电气机车）上见到窗外的禾田，想起了庇古当年的感慨，就问列车员，铁路附近的农田是否受到列车的损害而减产。列车员说，恰恰相反，飞速驰过的列车把试图吃稻谷的飞鸟吓走了，农民反而受益。当然铁路公司也不能向农民收"赶鸟费"，这同样是外部性导致的市场失灵之处。同一件事情在不同的时代与地点进行观察，带给两代经济学家的感悟却不同，可谓是"横看成岭侧成峰，远近高低各不同"。但从经济学的角度看，列车通过农田无论结果如何，其实说明的是同一件事：市场经济中外部性与市场失灵的关系。

外部性又称外部效应，所谓外部效应是指某个经济行为主体对他人造成影响，而又未将这些影响计入市场交易的成本与价格之中。外部效应包括正外部性和负外部性两种情况。正外部性是指经济行为主体的活动使他人或社会受益，而受益人又无须花费代价。例如，养蜂业在生产蜂蜜的同时帮助果树传授花粉，而果园在生产水果的同时为蜜蜂制造蜂蜜提供了原料。还比如现在很多车子上都装了隐蔽的定位系统，一旦车子被偷，警察很容易就能够追踪到这辆车，并抓捕偷车贼。由于偷车贼并不能清楚地知道哪辆车内装有这一系统，因此他们不敢轻举妄动，这也使得现在的偷车案件较之以往少了很多。可以说，汽车定位系统的出现在一定程度上也保护了那些没有装系统的车主们。正外部性固然好，可以使各方皆大欢喜，然而天不遂人愿，在现实生活中还大量存在着负外部性的例子，所谓负外部性是指经济行为主体的活动使他人或社会受损，而当事人却没有为此承担成本。譬如，工厂生产物品的同时向外排放废水、废气，产生雾霾，污染环境，造成的环境破坏就是负外部性；在公共场所随处可见的抽烟，吞云吐雾之际影响周边人的身体健康也为负外部性，生活中诸如此类事例很多，不一而足。

　　行驶中的火车对农田的影响就属于存在外部性。庇古所看到的情况是，铁路公司的火车运行对农业生产带来的损失并不由铁路公司和客户承担，而由跟火车八杆子打不着的农民承担，此时火车运行存在负外部性。而斯蒂格勒和阿尔钦所看到的情况是，列车运行在客观上起到了"稻草人"的作用，给农业生产带来了好处。但铁路公司并不能对此收费，利益由与列车运行无关的农民无偿获得，这时就存在正外部性。

　　市场经济活动中，市场主体可以通过价格的协调实现社会资源配置的最优化，这就是市场机制运行的基本原理。但是，在存在外部性时，这种市场机制自动调节则遇到了挑战。在不存在外部性时，生产者为了利润最大化进行生产，消费者为了效用最大化进行消费。当价格调节使供求相等时，整个社会实现了经济福利最大化。但当存在外部性时，它会导致市场机制在资源配置领域产生种种扭曲，其结果是不可能自动形成社会资源的最优配置。

这是因为，任何生产都将涉及社会成本与私人成本，在不存在外部性的场合，私人成本就是生产或消费一件物品所引起的全部成本；在存在外部效应的情况下，由于当事人不必承担负外部效应所造成的损失，也无法从正外部效应中得到报酬。这样，该经济活动的私人成本或私人收益与社会成本或社会收益便不一致。比如造纸厂生产纸张的私人成本包括材料、运输、劳动、管理等成本，但对整个社会来说，生产纸张的成本除了上述所有私人成本外，还包括生产过程中产生的污水、废气对社会所造成的损失，即污染成本。

在市场经济中，经济活动中"经济人"更多考虑的是私人成本与私人收益的比较。当私人成本与社会成本、私人收益与社会收益不一致时，对企业或个人最优的决策，不

一定是对社会最优的决策。在上面的例子里，由于造纸厂不考虑污染成本，其私人成本低于社会成本，因此，造纸厂所决定的最优产量就会高于社会最优产量，最终结果往往是造纸厂这边开足马力生产，赚了个盆满钵满，而外部环境却被污染得一塌糊涂。总之，无论是正外部性，还是负外部性，都是因为在市场活动中，不是"一人做事一人当"，而是一人做事大家当。正的外部性是把好处传导给了别人，负的外部性是把损失强加给了别人，换句话说，在存在外部性的情况下，价格起不到应有的调节作用，进而导致了市场失灵。

　　由于外部性是独立于市场机制之外的客观存在，单靠市场力量无法解决，因此只能由政府把解决外部性问题的艰巨重任揽过来。为了降低或消除外部效应所带来的效率损失，政府通常采用界定产权和课征税收的办法将外部性予以内部化。

　　产权关系是经济关系中最核心的关系，所谓产权界定就是将资源的使用以及管理权力明确地界定给某一方，比如企业、政府或者居民。产权界定清楚了，彼此的责权利也就明晰了。现代产权理论认为，外部效应之所以产生效率问题，就是因为产权界定不明确。产权不明确，就无法确定究竟谁应该对外部效应承担后果或得到报酬。

　　比如，你的邻居是个音乐爱好者，半夜里还在大放流行音乐，他应该因为打破宁静而赔偿你呢，还是你该付钱让他音量调低一点？归根结底，是你有权享受宁静，还是他有权在半夜放音乐？而造纸厂之所以可以随意地向河流里排放污水也是由于河流的产权模糊，以至于企业把它当成一个方便的排污场所。

如果这是一条产权清楚的私人河流，情况就会不同。企业必须经过河流所有者的同意并支付足够的补偿，才能向河流里排污，而排污成本也必然进入企业决策的考虑之中，从而消除了外部效应。产权理论为我们提供了一个通过市场本身的力量解决外部效应问题的新思路，只要能够界定并保护产权，随后产生的市场交易就能把棘手的问题解决掉。

上述的例子还告诉我们，不同的产权制定和产权界定，意味着不同的社会福利和经济效率。这一思想的提出者是美国经济学家科斯，他后来被推崇为新制度经济学的奠基者，其思想也被后人称为"科斯定理"。其具体内容包括："如果交易成本为零，那么无论产权如何界定，市场机制都可以实现资源的有效配置"（科斯第一定理）。"如果交易成本不为零，那么，不同的产权界定则意味着不同的资源配置和经济效率"（科斯第二定理）。

科斯定理表明，通过市场交易实现资源最优配置有两个必

要条件，一个是明确产权，另一个是不存在交易成本。所谓的交易成本，简单地说就是为达成一项交易、做成一笔买卖所要付出的时间、精力和产品之外的金钱，如市场调查、情报搜集、条件谈判、讨价还价、起草合同、聘请律师，直到最后执行合同，等等，都需要费时费力费钱。

就以河水污染这个问题打比方，居民若有权索偿，就可能会漫天要价，把污染造成的"肠炎"夸大成"胃癌"；在企业有权索要"赎买金"的情况下，它可能把减少生产损失的一元说成十元。无论哪种情况，一方都要调查对方所言是否属实。如果只是一家企业和一户居民，事情还好办。但是当事人的数目一大，麻烦就多了，因为出现了"合理分担"的问题。如果是多个厂家造成的污染，谁排了污水、排了多少，他们如何分摊赔偿金或如何分享"赎买金"就要先扯皮一番；如果是多户居民，谁受害重谁受害轻，怎么分担费用或分享赔偿，也可能闹得不可开交。正是这些交易成本，可能使得前面所说的那种

由私人交易达到的资源配置无法实现,大家一看有这么多麻烦,或是干脆望而却步,或是陷入永无宁日的争吵、理论当中,问题依旧得不到解决。科斯定理告之世人,一旦产权明确规定,而各利益相关者之间的交易成本足够低,则无论将产权划归给谁,交易双方总可以通过市场交易达成一致。

当然现实中并不是在一切情况下都能产权明确。例如,阳光、空气、河流一般只能是一种公有产权,无法实现私有,产权也无法明确到个人或单位。这时候就得另想高招,由政府出面,采取税收和补贴的办法来解决。

对造成负外部效应的企业,政府可以征税,其数额应该等于该企业给社会其他社会成员造成的损失,从而使该企业的私人成本恰好等于社会成本。例如,政府向产生污染的企业征收一定的排污费用,即对企业排放废弃物的量做出限制,超出的部分要征收一定的费用或者罚款。政府则利用向企业征收的税收和罚款收入投资于环境保护设施的建设,从而使环境得到改善。只要税收接近污染成本,就会使企业的产量接近社会的最优产量,因而对提高市场效率是有积极意义的,这一思路举措现今为不少国家所用。

对于产生正外部性的经济活动,政府可以给予补贴以鼓励生产或消费。即把引起正外部性的外部收益转给引发正能量的生产者,这样,外部收益就成为生产者收益的一部分,使私人收益增加到与社会收益相等。国民教育便是典型例子,一个人接受良好的教育,不仅可增加个人的收益,而且因增强了他的劳动技能与社会公德等,也使社会上其他人从中受益,因此教育不能单靠市场机制来调节。这就是为什么在几乎所有的市场经济国家，政府都对教育有不同程度、不同方式的补贴。这些补贴措施，有助于降低学生求学或学校办学的私人成本，也有助于将教育水平提高到社会所要求的水平。

　　还有对全社会有利的技术进步、科研成果，政府则可以采用专利保护的方式来予以支持鼓励。劳动和创新是社会财富增长的源泉，市场保护产权，就会激励人们更加踊跃地去劳动和创新，从而获得源源不断的财富产出。比如医学中的新药研发，普遍具有"周期长、风险高、投资大"的特点，故此国家对于新开发的药品给予 20 年的专利保护，在这 20 年内药企完全可以取得垄断的较为高额的利润回报。相反，在缺乏专利保护的商业环境里，制药企业显然没有那么大的积极性搞投入创新，道理很简单，好不容易花费高昂代价研发出来的药物，很快就被其他医药企业仿制，并以极低的价格在市场上销售，创新药生产企业高投入的研发费用难以收回成本，而且很可能被挤出市场，这种局面会令创新实体有很大的挫败感和被剥夺感。久而久之的结果是降低了整个产业发展的技术含量，弱化了相关企业核心竞争力。

公地
悲剧

—— 产权的明晰

在很久以前，有一片没有围栏界桩、水草肥美的牧场，附近村里的任何成员都可以自由放牧，免费使用。由于这个牧场属于全体村民共同所有，而放养的畜群是个人私有，从每个村民多赚钱的角度来想，多放牧一头牛羊的好处属于他自己，而牧场因退化而带来的坏处是由村民平均分摊的，个人的收益大于个人需要付出的成本，因此，每个牧民都尽可能地多放牧牛羊。但由于牧场土地面积以及牧草生长速度存在限制，每个牧场都有个最合适的放牧数量，随着牛羊数量一头又一头地无节制增加，牧场最终因过度超载而沦为了不毛之地，这就是经济学里经常举例用的"公地悲剧"。

经济学家通过这个例子推断出公共资源的命运：没有合理的制度安排，没有清晰的产权形式，公共资源必然毁灭于人们的滥用中。这里所讲的公共资源是指满足以下两个条件的自然资源：一是这些资源不为哪一个个人或企业组织所拥有；二是社会成员可以自由地利用这些资源。典型的公共资源包括了河流、森林、湖泊、地下水资源、渔业资源、农业灌溉、牧区和空气等等。一般来说，公共资源如果可以不受限制地自由使用的话，大家都会激发出"不花白不花，白花谁不花"的想法，个人的理性导致了集体的非理性，最终出现"有人上树摘果，无人浇水施肥"的尴尬结局，个人所获取的短暂收益要集体来为之买单。

公地悲剧中最让人痛心的不仅仅是资源配置的低效、失效，还表现在当事人都明白公共资源将由于过度使用而枯竭，但每个人却都抱着"多捞一把是一把"的态度，不采取任何补救措施，放任悲剧上演，坐视事态恶化而无动于衷。

举目望去，公地悲剧的例子在日常生活中并非孤立个案，相反比比皆是：被个人物品塞得满满的楼道、公厕里迅速消耗的卫生纸、街面上横七竖八乱停乱放的共享单车等。要论当今世界最大、最显眼的公地悲剧，则属发生在我们身边的全球生态环境危机。自英伦半岛上蒸汽轮机的第一次轰鸣拉开工业革命的历史大幕以来，人类活动的边界便随着生产力的发展加速拓展。森林、草地、湿地……所有重要的自然生态里都有了人类的痕迹，全球 75% 的土地被人类改变。砍伐、开发、种植、放牧……人类穷尽自己的智慧向自然界索取，给环境带来巨大压力。

今天，每一个普通人已能切身地感受到环境不断恶化对人类安全构成的威胁：日益严重的空气污染、水污染及温室效应；水土流失和不断恶化的土地盐碱化、衰退化和沙漠化；令人担忧的生物种类、数量的减少乃至枯竭……

环境属于典型的公共物品，具有集体消费的特征，无论你是权高位重，还是腰缠万贯，或是平头百姓，大家都在同一片蓝天之下，呼吸着同样的空气。"鱼逐水草而居，鸟择良木而栖"，美好的生态环境人人都渴望拥有，但在环境中由于缺乏明晰的产权，因此经济人的理性行为很难在这里见到。人们明知环境重要却往往不珍惜，更有生产者肆意地将污染的成本转嫁到社会，转移到环境这样的公共物品上。例如对清洁空气的无偿共享导致空气被严重污染；对河流的公共所有导致企业向其中排放污水；对森林资源的共享导致林木被乱砍乱伐；对渔类资源

的共享则助长了滥捕滥捞的行为。而且，上述一切行为还正处在"现在进行时"当中，人类正在大肆挥霍着地球上有限的资源，不遗余力地试图去改造世界为我所用。但人类对自然界无限的索取，最终要遭到大自然的报复，这是一条铁律。

2019年我国农业部正式发出通告，宣布从2020年1月1日0时起开始实施长江十年禁渔计划。长江是全球七大生物多样性丰富河流之一，鱼类繁多，资源丰富，为什么要在这片水域全面禁止捕鱼，而且时限这么长？原因就在于在过去几十年快速、粗放的经济发展模式下，长江付出了沉重的环境代价，越来越多的人为了一己之私，开始采取"电毒炸""绝户网"等非法作业方式在长江竭泽而渔，最终形成"资源越捕越少，生态越捕越糟，渔民越捕越穷"的恶性循环，长江生物完整性指数已经到了最差的"无鱼"等级。所以实行最严格的禁捕也是不得已而为之，目的就是让长江母亲河休养生息，尽快恢复长江生态系统的健康，为子孙后代留下永续发展的美好家园。

《联合国环境方案》曾用这样一句话来告诫世人："我们不只是继承了父辈的地球，而且是借用了儿孙的地球。"其意是说地球上的资源是有限的，我们现在多消费了不可再生资源，子孙后代就得少消费，甚至于无可消费。目前人类社会对资源的需求呈螺旋式上升，其增长速度已经超出了地球自然系统的承受能力，同时与人口、资源相联系的整个生态系统的恶化，又进一步导致经济增长成本的增加，全球经济正在以这样的方式加速对它赖以发展的基础进行破坏。如果我们想解决环境危机，提高经济增长所带来的福利水平，就必须设法在全球范围内进行进一步的合作，否则在大自然的暴怒面前，人类所有的力量都显得不堪一击。

古希腊大思想家亚里士多德曾经说过："凡是属于最多数人的公共事物常常是最少受人照顾的事物，人们关怀着自己的

所有，而忽视公共的事物；对于公共的一切，他至多只留心到其中对他个人多少有些相关的事物。"此话在公地悲剧中不幸地言中了。从经济学角度分析，公地悲剧发生的根源在于公地资源不是个人拥有，这使得个人使用资源的直接成本小于社会所需付出的成本，个人在决策时只考虑个人的边际收益大于等于个人的边际成本，而不考虑他们行动所造成的社会成本，最终导致资源被过度使用，发展变为不可持续。用一句话概括，公地是没主儿的，整个公地产权流于"人人所有，人人没有""谁都应负责任，谁都不负责任"的状况。

有人曾经提出过这样的问题，为什么现在很多野生动物濒临灭绝，而家畜却是越放养越多？难道是家畜的繁殖能力比野生的要强吗？自然不是。森林里的野兔是没有产权的，谁打到兔子就是谁的。于是猎人们争先恐后地打野兔子，欲除之而后快，而不会考虑留着慢慢打，因为就算他不打其他的猎人也会打。最后只有一个结果：野兔子被打光，猎人们一无所获。而

农场里的兔子却保持稳定增长的势头，如果有猎人要打这些兔子，农场主会跟他们拼命，因为农场兔子是有产权的，它们归属于农场主。

所以现代经济学的鼻祖亚当·斯密在《国富论》中认为，不明确界定和保护产权，人们就看不到长远的预期收益，那么，他必然会"食必求其最多，作必望其最少"，只作最少次博弈的打算。当产权明晰且能得到明确保护从而为人们提供稳定的未来预期收入时，财产所有者才不会选择那些缺乏远见的短视行为，而会考虑到长远收益。

因此避免公地悲剧最简单而有效的办法之一，是政府尽可能地使资源的产权明晰，并制定相应的政策法规，明确责任和义务。也就是说，不把牧场作为公有财产，而把牧场作为私有财产分给每一个牧羊人，告之过度放养导致牧场荒芜，后果将自己承担，让他们对羊和牧场都要负责。明晰的产权，能让牧羊人稳住性子，规划投入，耐心等待更高的收益，实现对资源的有效利用，而不是采取竭泽而渔的短视方法。

明晰的产权能带来多大的经济效益？举个简单的例子，同样的土地，同样的劳动人口，同样的生产工具，1978年食不果腹，1979年家家有余粮，生产出的粮食是1966—1970年5年粮食产量的总和。一年之间，如此天翻地覆的变化只是因为一件事：分田到户，把土地承包给了农民，农民获得了土地经营权使用权，就犹如吃了一颗定心丸，因而迸发出极大的干劲和热情。这是发生在改革开放初期安徽省凤阳县小岗村的真实故事，这就是产权的力量。

当然，出于各种原因，直接把许多公共资源的产权明确到个人头上是相当困难甚至是不可能的，例如我们显然不能规定清洁的空气归谁所有。当产权难以明确到个人头上时，政府可以使用征税的方法来增加企业或个人使用该资源的成本，使个人成本和社会成本达到一致。也可以采取发放许可证、直接规定污染的排放量、渔船的捕捞量等办法来控制公有资源的使用量。比如前面所说的公地悲剧棘手问题，除了拍卖牧场、土地，归于私人所有的方法外，经济学上的解决办法还有：对羊征税，谁进牧场的羊数量多，征的税也就多，从而把外部性内在化；拍卖有限量的牧羊许可证，科学测算出牧场最适合放养量，这个量能够保证牧场在允许放牧的同时不伤筋动骨，然后根据价格高低对外拍卖有限量的牧羊许可证，总之进场总量不能超过最适合放养量；政府发布规定禁止特定牧场区域放牧；等等。

解决公地悲剧，还要注重不断发展社会生产力，多采用有利于减缓公地悲剧发生的先进技术和替代产品。生产的技术水平总是不断发展和进步的，一般来说，对公地产品开采、使用的相关技术也肯定是水涨船高。例如，我们可以多开发利用一些新能源来减缓对原始森林、石油、天然气的过度开采。在很多落后国家和地区，由于社会生产力不发达，人们只能通过开采和使用公地产品以谋生，比如砍伐森林开荒种地，围猎捕食各种珍稀野生动物。因此，可以通过给当地输送现代文明，传授现代技术，让他们转变落后的思想观念，改变不良生活习惯，拥有更多选择、更高水平的谋生渠道，来减少对自然资源环境的破坏。

美国经济史上曾经有过一个著名案例——铁丝网的发明造就了美国西部的繁荣。19世纪中叶，随着领土的扩张和兼并，美国社会出现了移民热潮，由于移民和西进，大草原上的人口、牧场越来越多。各个牧场属于不同的牧场主，但牧场之间没有牢靠的栅栏将它们彼此隔开，偷盗牛羊的事件屡屡发生，越界放牧更是家常便饭。哪里的牧草好，哪里就成为免费的公用牧场，由于没有建设和保护，只有掠夺性的利用，适宜放牧的草场越来越萎缩。

怎么解决这个问题？最初牧场主试图使用木料做的栅栏来进行划界，但是大草原上原本就缺少做栅栏的木料，只能依靠火车把木料从远方运来，这样做的成本太高，是牧场主所无法承受的，划界一事只能"有心无力"地暂时搁置。一直到了1867年铁丝网的发明，事情才出现转机，用铁丝网做成的阻拦畜群的栅栏更加牢靠，而且制作简单、成本低廉。于是牧场主们开始纷纷采用铁丝网把自己的牧场和他人的牧场区分开来，这样，产权得以清晰划分，公用牧场滥用一事渐告终结，美国西部边疆的开拓才得以最终完成。

打翻的
牛奶

—— 沉没成本与边际原则

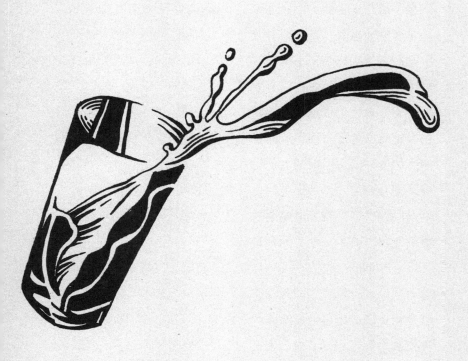

一位教育学博士毕业后在纽约市一所中学任教，他所带的是一个成绩较差的班。这一个班的学生由于过去屡战屡败的成绩记录，在全校都感到有些抬不起头来，以致产生了大面积心理阴影。他们总是在交完考卷后充满了忧虑，担心自己又拖后腿，心事重重之下无法全神贯注于当下的学习。对此博士看在眼里，急在心里，他试着想办法加以改变。

一天，博士在实验室里讲课，他先把一瓶牛奶放在桌上，沉默不语。学生们不明白这瓶牛奶和所学的课程有什么关系，只是静静地坐着，好奇地望着老师。老师忽然站了起来，一巴掌把那瓶牛奶打翻在水槽中，同时大喊了一句："不要为打翻的牛奶哭泣。"然后他叫学生们围到水槽前仔细看一看："我希望你们永远记住这个道理，牛奶已经淌光了，无论你怎么后悔和抱怨，都没有办法取回一滴。你们要是事先加以预防，那瓶牛奶或许还可以保住，可是现在晚了，我们现在所能做到的，就是把它忘记，然后集中精力干下一件事。"在这位老师的不断激励调动下，到了学期期末，这个班的学生成绩整体有了明显的改善，打了一个大的翻身仗。

"打翻的牛奶"一词毕竟太文学化了，经济学对此有一个专有名词进行形容，即沉没成本。所谓沉没成本，顾名思义，就是指付出之后再也无法收回的成本，因其已经"沉没"，故决策时无须再加以考虑。诺贝尔经济学奖得主斯蒂格利茨教授曾在代表作《经济学》一书中对此做了解释："如果一项开支已经付出并且不管做出何种选择都不能收回，一个理性的人就会忽略它，这类支出称为沉没成本。"接着，他举了个生活中的实例："假设现在你已经花7美元买了电影票，你对这场电影是否值7美元表示怀疑。看了半小时后，你的最坏的怀疑应验了：这电影简直是场灾难。你应该离开电影院吗？在做这一决策时，你应该忽视这7美元。这7美元是沉没成本，不管是去是留，这钱你都已经花了。"教授以通俗浅显的例子向我们道出了一个事实，沉没成本实际上不是成本，它只是成本两个字在时间"过去"维度的影子而已。

正所谓"纸上得来终觉浅，绝知此事要躬行"，教授的谆谆教诲说起来容易，但真正落实起来却特别费劲。因为人类天性中有一个缺陷叫作"心有不甘"，这是一种非常有趣的非理性而且顽固的心理，表现为由于在一件事情上投入过成本，致使在后面的决策中我们会瞻前顾后，变得难以取舍。衣柜里总有一些衣服，舍不得扔，但却一次也没有穿过；去吃自助，每次都是"扶墙进，扶墙出"，撑得特别难受，才肯罢休；从事一项工作很多年，得不到升迁的机会，心在泣血之际仍旧不会跳槽。

为什么呢？因为我们都在无形中被沉没成本绑架了。然而经济学常识直白地告诉我们，既然沉没成本是已经发生且不可收回的成本，那么，在做决策时是不应该考虑沉没成本的。比如，一个女性和自己的男友谈了8年恋爱，发现彼此不合适，从经济学的角度来说，过去的时光再美好，依旧是沉没成本，如果你已经清晰地看到这注定是一场没有结果的故事，最明智的选择就是马上离开。然而，现实的大多数情况是她会选择继续忍下去，这种不理智的行为背后，很大程度上是因为她投入了8

年青春、感情，总觉得付出了那么多，一旦终结全部为零。

　　经济学最重要的教益之一就是告诫你应该忽略过去的沉没成本，而注意即将开始的决策中的边际成本和边际收益。何谓边际成本和边际收益？边际成本是指生产者增加一单位产品的生产或是消费者增加一单位产品的消费所增加的支出。边际收益则是指在同样的前提条件下所增加的收入或是效用。边际是经济学里一个很重要的概念，基于边际成本和边际收益做决策是经济学里一种很重要的思维方式。要想确立科学的思维方式，你首先得理解边际收益递减的基本道理。

　　举个简单的例子，你忙了一天没来得及吃饭，饥肠辘辘，看到一家煎饼铺，赶紧进去买了一个煎饼吃了，觉得简直太好吃了，这个感受就是这一个煎饼给你带来的边际收益。你觉得还没吃够，再买一个吧，挺好吃的，但是没有第一个那么香了。吃完后你一想，肚子里好像还

有点余地，干脆再吃第三个吧，吃到中途你已经撑了，但为了不浪费，勉强吃完了。这时候老板忽悠说，煎饼这么香再来一个吧！你赶紧挥手说，白给我都不要了。在上面的过程中，每多吃一个煎饼给你新增的享受感是降低的，所谓边际收益递减规律就是指在其他条件不变的情况下，随着消费者对某种物品消费量的增加，他从该物品连续增加的每一消费单位中所得到的满足程度就越小。

你在决策一件事的时候，永远要盯着边际，准确地计算出你将多为之付出的成本，并把它和你将因之而增加的收益相权衡，然后进行决策。也就是说，你干一件事情或者得到一件东西的成本，不仅仅是花的时间和金钱，还有为此放弃的东西。

如果预计边际收益大于边际成本，那么就值得放手一搏，如果边际收益小于边际成本，那么就趁早鸣锣收兵。这就是经济学中所讲的边际原则，它是指人们通过考虑和计算某一决策的边际成本与收益，来达到收益的最大化，这实际上也就是中国古语所说的"两害相权取其轻，两利相权取其重"。

经济学的沉没成本与边际收益原则为我们在现实生活中如何做出抉择提供了一种思路。它提醒我们在做出下一个选择时，要紧紧盯住边际收益，剔除沉没成本的干扰，不要再去考虑前期已投入，哪怕是从情感上万般不舍，具有理智的人也只能忽略它往前看。否则前期的付出就像万能胶一样，把我们粘在原地，无法做出新的选择，而且顾虑越多，我们就被粘得越紧。比如一两年都不穿的衣服，不看的书籍，不管你当初买的理由多么充分，现在都可以考虑舍弃。因为这个商品的购买成本已经是沉没成本了，而这个商品还占据着你家里每平方米天价房子的空间，使用成本不低，而你又不用，边际收益为零。

沉没成本最大的经济学含义，是一旦你确定它沉没了，那么它就不能成为你做决策的参考变量。换句话说，沉没成本，跟你的决策，没有任何关系。很多时候我们做判断，并不需要100%准确。没有必要为了小概率的"反败为胜"继续耗下去。一个人只有快速认清沉没成本的事实，不让它影响当下和未来的决定，才能轻装上阵，灵活应对瞬息万变的市场环境。

古人云："往者不可追，来者犹可谏。"凡事要向前看，过去的已经过去，吸取教训不等于纠缠历史。日常生活中我们经常看到有些人终日为过去的错误而悔恨，为过去的失误而惋惜，深陷其中而不能自拔。比如某日不慎遗失了一件东西，或打碎了一件物品，他会有整整一天甚至几天好难受，逢人就如同祥林嫂一般诉说自己的不幸，絮絮叨叨，没完没了，令别人心烦不说，更使自己的损失雪上加霜，蒙受物质、精神的双重打击。

人的一生中，"打翻牛奶"的事故随时都可能发生，有些事情回过头去看实际上很小，却在相当长的时间里是才下眉头，又上心头，在我们的思维里萦绕着打转。最后发现，这种挥之不去的烦恼除了"乱我心多烦忧"之外，眼前该干的正经事全被耽误了，不会经营管理自己的人生而造成的困境大多源自此。执着于过去，过不好未来。买衣服只因为逛了很久的街，结婚只因为谈了太久的恋爱，学钢琴只是因为买了钢琴，继续工作只是因为做了很久。

相传美国前总统罗斯福家中有一次不幸被盗，丢失了许多珍贵的物品。一位朋友写信安慰他，不要因此过于悲伤。谁也没有想到罗斯福在回信中这样写道："谢谢您的关心和安慰，我很平安。我要感谢上帝：第一，贼偷去的是我的东西，而不是我的生命；第二，贼偷去的是我的一部分东西，而不是我的全部东西；第三，最庆幸的是，做贼的是他，而不是我。"

多么乐观豁达的思路！

正如大文豪泰戈尔所说："如果你为错过星星而流泪的话，你也会错过更加璀璨的太阳。"一味沉溺于过去的错误之中，唏嘘感慨于事无补。一个人越是什么也不愿放弃，就越容易错过人生前行中最宝贵的机会。谁能干脆利索地忽略沉没成本，当机立断向另一个目标转移注意力，谁就更有可能取得成功的入场券。小到个人的立志成才，大到整个社会的发展，其中的道理都大致如此。

褚时健曾经是中国有名的"中国烟草大王"，50多岁时通过引进技术、改善管理打造出"红塔山"品牌以及亚洲最大的烟草企业红塔集团，一时间可以说是一览众山小，风光无限。但是谁也没想到的是，1999年，71岁的褚时健遭遇了人生的滑铁卢，本人因经济问题被查处，最后判处无期徒刑，其间包括他的妻子、女儿等多位家人都被收监，他唯一的女儿在狱中自杀。至此，他的人生到了一无所有的至暗时刻和深渊低谷。一代烟王辉煌的一生似乎就此落下了帷幕。

然而，传奇并没有就此中止。2002年褚时健保外就医后，74岁高龄的他选择再次创业，开始承包荒山种植橙子。按照常人想法，遭受了一场惨烈的人生灾难后，仅是让伤口愈合就需要足够的时间，更何况他已是七十多岁的风烛老人，此时还不好好抓住最后的光阴安度晚年。但是褚时健没有就此止步，他从零开始学种橙子，最后居然创出了自己的品牌——褚橙。褚橙由于品质优良，投放市场后被抢购一空，褚时健也一跃成为"中国橙王"，重回商业巅峰。

从"烟王"到"橙王"，褚时健的人生跌宕起伏，充满传奇色彩。王石曾说他这辈子最震撼的事，是在哀牢山见到75岁刚出狱的褚时健在种橙子……

往事不可复，来日仍可追。让过去的事情成为过去，不要悲叹昨日的损失；让自己的目光始终向前，不断激发潜在的活力。生命，是一段旅途，生活，便是其中的过程，翻山越岭，还是涉水乘舟，一切全凭自己。人活一世说到底就是活一种心态。生活原本其实很简单，想得太多，顾虑得太多，往往会让自己负担太重，活得太沉重。放下该放下的，心才不会负累，日子才会安心，生活也由此变得洒脱从容。

树木把枯黄的落叶放下，长出一个美丽的春天；苍穹把灰色的云翳放下，才有一个灿烂的晴空。把沉重的郁结放下，就有一个快乐的人生。放下是心态的选择，是生活的智慧；放下是一种解脱、一种顿悟。你只有在内心真正地放下了有些事，才会有更多的时间和机会去发现生命里更好的风景，才会造就更加完美的自我。

不乱于心，不困于情。不畏将来，不念过往。如此，安好。

天下没有
免费的午餐

—— 成本与收益

　　数百年前，一位聪明的老国王召集了聪明的臣子，交待了一个任务："我要你们编一本各时代的智慧录，好流传给子孙。"这些聪明人离开老国王以后，工作了很长一段时间，最后完成了一本洋洋洒洒的十二卷巨作。老国王看了后说："各位大臣，我确信这是各时代的智慧结晶。然而，它太厚了，我怕人们没有耐心去读完它。把它浓缩一下吧。"这些聪明人又经过长期的努力工作，几经删减之后，编成了一卷书。然而，老国王还是觉得太长了，又命令他们继续浓缩。这些聪明人最后按照老国王的旨意，把一本书浓缩为一章，然后浓缩为一页，浓缩为一段，最后则浓缩成一句。老国王看到这句话时，觉得很满意，说："诸位，这句话真是各时代的智慧结晶，并且各地的人一旦知道这个真理，他们担心的大部分问题就可以解决了。"这句经千锤百炼总结出的话即"天下没有免费的午餐"。

　　这句话告诉我们，什么事情都要有所付出，不付出就想受益，不付出就想捡到便宜，那是不可能的。做出决策时要求我们在一个目标与另一个目标之间有所取舍，为了得到一件我们喜爱的东西，通常就不得不放弃另一件我们喜爱的东西，放弃的即为成本。

　　万事皆有成本这一点就是起源于资源稀缺性这一基本事实。经济学所强调的一个基本原则是：资源是稀缺的。如果什么东西都源源不断地涌流，不存在稀缺性，那么也就无所谓成本。你有无限的资金，所以你可以要任何想要的东西，而不需要考虑货币成本；你可以活到百岁，因此无所谓浪费时间。正因为我们的寿命是有限的，我们才会感到时间的宝贵，才会讲

"一寸光阴一寸金"。也正因为金钱不能垂手可得，我们才学会节省，才会说"把钱花在刀刃上"。

由于资源具有稀缺性，因此在生活中，我们几乎每时每刻都面临着选择，比如由于我选择了看电影，而放弃了去茶馆喝茶，或者我选择了听讲座而放弃了与老乡聊天。就像鲁迅老先生曾说过的一句名言："这世界哪里有什么天才，我无非是把别人喝咖啡的时间用到读书上去罢了。"经济学大师弗里德曼也说过，你去吃饭，就算餐厅不收你的饭钱，你还是要付出代价的。比如你用这个时间谈了一笔生意，去图书馆获得新知，甚至偶遇未来的女朋友。这些"可能性"，都是你吃这顿饭的机会成本。所谓机会成本，就是放弃了各项选择中其他选择的价值。用中国古语表达就是有所得必有所失，鱼与熊掌不可兼得，用现代语表述就是著名经济学家萨缪尔森所说的"是被错过的商品和服务的价格"。

真正理解了机会成本的概念，可以帮我们厘清一些看似颇为荒谬的想法。网上曾有这样一条调侃监狱囚犯的段子：出门办事警车开道，一日三餐按时送到，单人套间服务周到，职业套装你有几套，睡觉配备流动岗哨，外加送你一副银色手铐。确实，从字面上去理解，犯人坐牢不仅有地方住，三餐免费，衣服免费，而且一日生活作息有规律，这种日子好像也不赖，但是真让你到监狱里去待着，你恐怕一天也不想进去。坐牢确实省去了你吃、住、玩的费用，但是如果不坐牢的话，你每天工作还可以挣更多的钱，更重要的是，一旦坐牢你就失去了人身自由，生命诚可贵，自由价更高。此外，坐牢肯定会对自己

的尊严、名誉、地位以及原有的社会关系等造成严重损害，这些都是个人付出的机会成本，而不是单纯用钱可以衡量的多重损失。

机会成本是一个听上去很简单但实际上内涵非常丰富的概念。我们要搞清楚经济学理论中的"成本"和会计学中的"成本"的统计口径是不同的。会计学中的成本，指的是生产某种产品而购买的生产要素（如资金、土地、技术等）所实际付出的货币成本。例如，快餐店出售一盒盒饭，必须投入原材料，这包括店面的房租，厨师的工资等资金投入。而经济学中统计一件事情的全部成本包括做这事情必需的开支和由于这件事情而放弃掉的收益（机会成本）两个部分。你的每一项选择，都有机会成本。只有懂得计算机会成本，比如你的时间成本、替代方案的投资收益等，经过权衡对比之后才能做出理性决策，从而用有限的资源来最大限度地满足自身的需求。

就像物质不灭定理一样，有得必有失是社会生活中的规律。你拥有了好身材，每天不敢多沾一点油腻；你拥有了房子，做了 20 年房奴；你拥有了孩子，从此成了旋转木马。世上没有无成本的占有，你占有的东西同时也在占有你。包括贪污腐败这样的事情，毕竟是不义之财，拿到手里总还是心惊肉跳，夜半怕敲门，一宿无好觉，这都是付出的代价。

还比如人的身体健康，著名哲学家叔本华说过这样一句意味深长的话：人类所能犯的最大的错误就是拿健康来换取其他身外之物。确实，芸芸众生不经历病魔的侵袭，可能就不会意识到健康有多可贵。很多人总以为：我还年轻，身体吃得消。于是放纵自己，疯狂透支身体。现在有的年轻人经常早出晚归、熬夜应酬、生活无规律、吃饭叫外卖、出门叫滴滴、跑腿叫闪送。生活看似越来越便利，身体健康却每况愈下。一份《中国城市白领健康状况白皮书》提供的数据异常残酷：当今中国白领人群中，亚健康比例高达 76%；超过七成的上班族有过劳死危险；

38.2% 的中国人存在睡眠障碍；一天就有超过 10000 人确诊癌症……难怪有人说人生的一大悲哀，是年轻时用健康换金钱，年老时用金钱买健康。这样的得失取舍，恐怕不能叫作科学理性的选择。

总之，一个人活在世上的饮食起居，都是有成本的，有的成本看得见，有的成本看不见，有的成本是眼前的，有的成本是长期的，有的成本是自己支付的，有的成本是他人支付的，有的成本是间接的，有的成本是直接的。

当然，也有人说，现代商业活动中举目望去，各种"免费商品""免费服务"大行其道，比如线上你可以免费浏览新闻、收发邮件、听音乐、看电影、搜索网页、与朋友聊天。线下实体店很多人也体验参与过"免费试用""买一赠一""免费送货""买产品送服务"等促销活动，作为商家，追求的都是利润最大化，他们为什么要给你提供免费午餐呢？商家这种"慷慨行为"作何解释？

　　从表象看商家有时是真的提供了免费的午餐。你去饭店吃饭，临别之际商家免费送你一张价值不等的优惠券，让你日后再去消费。满心欢喜地拿来一看，券面金额普遍不高，期限很短，基本上短则一周，长则一个月内必须使用，过期就作废。很多人拿到后，扔了感觉心疼，干脆就去消费吧，要想好好吃一顿肯定要额外再贴钱，就这样你口袋里的钱又贡献出去了。

　　还比如现在很多酒吧里花生米是不花钱的，进去以后随便吃。可是你注意到没有，花生米可随意索要，店里饮用品却贵得很，连一杯清水都要好几块钱。按常理，花生的生产成本要比水高，酒吧为什么要别出心裁这么做呢？

　　理解这种做法的关键在于，弄明白水和花生米对这些酒吧的核心产品——酒精饮料的需求量会造成什么样的影响。花生和酒是互补的，花生吃多了，会有干渴感，要点的酒和饮料也就多了。相对于酒和饮料的利润来说，花生是极其便宜的。多吃花生米能带动酒和饮料的消费，而酒吧主要靠酒和饮料来赚取高额利润，所以，免费供应花生米只是为了提高酒吧利润而已。反之，水和酒是不相容的。水喝得多了，要点的酒类自然少了。所以，即使水的成本很低，酒吧也会给它定个高价，减弱顾客的消费积极性。

　　免费提供花生米实际上是引导顾客多消费酒水而已。商家一些最直接的"免费"销售模式，就是将其"送"的部分加在了总价上，这么简单而暴力的营销策略实际上就是"羊毛出自羊身上"。

　　在现代市场销售中，聪明的商家利用"免费"这种噱头和人们的消费心理精心创造了许多种商业模式，并且在现实生活中屡试不爽、频频奏效。这种看似免费的盈利模式常见的有：

第三方付费模式。在第三方付费模式中，经济活动有三个参与者：企业、消费者和第三方。消费者免费享受企业提供的服务，由第三方为此买单，企业利润来源于第三方。第三方付费者多为各类广告商，当然也会有各类投资方。这种模式是各类媒体运营的基础。如湖南卫视热播的娱乐节目《爸爸去哪儿》让众多观众从中收获了快乐，快乐作为消费者享受到的一种服务，无法由电视台直接向观众索取报酬，但电视台可以找广告商收取广告费。收视率是电视台盈利能力的一个显著指标。《爸爸去哪儿》在同时段收视率中排名第一，引来大量广告商争先恐后地参与投资，而这正是该节目的利润来源。

常见的营销模式还包括免费体验模式。免费体验模式是商家通过让消费者免费试用产品或服务一段时间，待对产品性能或效果形成高度认同感后，再出售产品的一种盈利模式。免费体验模式能够给企业带来巨大好处：首先，能够使用户习惯某种产品或服务，对其形成依赖，从而引发购买行为；其次，通过免费体验，能够进行有效的市场调研，获取用户信息以及用户对产品的第一手感受资料，如我们经常免费用各种 App，在登录之前都会有一个协定，就是允许商家得到你的详细资料，这其实是我们用自己的个人信息来交换免费用这种 App 的代价；再次，能够吸引顾客参与，打消他们的疑虑心理，增加购买概率；最后，能够引发更多关注，增加企业知名度，在消费者中形成良好的口碑效应。

企业存在的根本目的就是赢利，免费对营利性企业来说只是一种手段而非目的。免费能够实现赢利的根本原因在于交叉补贴，即金钱及资本在不同商品、不同服务、不同消费人群、不同时段、不同市场之间进行合理转移，最终结果就像变魔术般遮盖了其本来面目。免费模式所推崇的是：羊毛出在猪身上，熊来买单！

在现实生活中，总有一些人容易被表象迷惑，相信天上掉馅饼这样的好事情。原因何在？虽然每一个人都是经济人，追求自身利益的最大化，但是，经济人的理性是有限的，在利益尤其是能轻易获得的利益面前，人们容易失去理性。大千世界充满各种各样的诱惑，骗人的戏法无时不有，诱人的圈套铺天盖地，上当受骗的事情就从来没有断绝过。面对外界各种免费午餐的诱惑，我们应该反复地告诫自己"天下没有免费的午餐"。幻想不费吹灰之力就能腰缠万贯、一夜暴富；梦想不付出辛勤劳动就能功成名就、名利双收，这种"做梦娶媳妇"的好事亘古未有。

一分耕耘，一分收获，不劳动者不得食，这才是天道。世间的事，无论大小，凡事都得亲自去做。不挨饿，就得付费，就得劳动，就得自食其力。风风雨雨的人生路上，要想走得顺畅通达，就必须永远记住"天下没有免费的午餐"这句古训，这才是避免上当受骗、误入歧途的不二法门。

丰收
悖论

—— 价格弹性

美国著名经济学家萨缪尔森讲过一个故事：有一年寒冷的冬季冻死了害虫，适于播种的春季早早到来，春雨滋润了成长中的秧苗，阳光灿烂的秋季使得农作物收割顺利，并运往市场。这是风调雨顺的一年，也是满载而归大丰收的一年。农民们当然很高兴，丰收的年景往往意味着丰厚的回报。可是到了年终，当农民琼斯一家高高兴兴地坐下来计算一年的收入时，他们吃惊地发现：收入不但没有增加，相反还减少了，而且这还不是他一家的单个现象，他的邻居以及其他地方的农民也遭遇了相同的一幕。这甚至包括了远隔万里的中国农民，作家叶圣陶在近一个世纪以前记录的《多收了三五斗》的故事中，农民"丰产不丰收"的现象也在同样地上演。

农业丰收了但农民的收入反而减少了，确实有点不可思议。经济学家把这种不可思议的现象称为"丰收悖论"。丰收悖论的成因何在？

经济学家在研究这一问题时，首先发现不同的商品在价格变动幅度相等的情况下，其需求量或供给量的反应程度大小不一。正如粗细不一的橡皮筋在相同拉力的作用下，伸缩程度不一那样，经济学家借用物理学上"弹性"的概念，将价格变动与需求量或供给量变动之间的关系称为价格弹性。

不同商品的价格弹性相差非常大。有的商品，价格略有变动，其需求量或供给量便大幅度增减。如出国旅游、高档烟酒等商品价格富有弹性，像飞天茅台酒现今官方单瓶定价为1499元，尽管价格已经不便宜了，但在市场上却还是供不应求，零售价随之扶摇直上，最高一度涨到3000多元。为了理顺和完善营销体制，打击销售环节层层加价等不良现象，2019年10月，茅台酒首次面向苏宁、天猫这样的综合类电商渠道，以官方直销价放量投放市场，结果1分钟内被抢购一空。有的客户早早地守在电脑前，在预定的第一时间点击加入购物车，填完收货地址正准备下单付款，屏幕上跳出一行提示：该商品已售完。茅台高昂的销售价格平时压抑了许多人的消费需求，对于"好这一口"的人来说，不是不愿买，而是买不起，一旦价格降了下来，这些潜在消费者立刻显现出来成为现实的抢购者。

相反，有的商品价格则缺乏弹性，如食品、燃料等生活必需品。像作为日常生活必需品的粮食，一日三餐既不会少也不会多，人们的消费量基本上是固定的，所以它的消费对价格变动是不敏感的。比如小麦1元钱1斤时，你能吃2个馒头，等降到5毛钱1斤，你也不会撑破肚皮吃3个。

丰收悖论的主要成因在于小麦、玉米等基本粮食作物缺乏需求弹性。当丰收时，粮食的供给增加，供给增加从而降低了价格，但由于粮食的价格弹性很小，消费者对于小麦、玉米这类产品的价格变动反应迟钝，粮食价格降低并不会刺激需求有较大增加。尽管卖出的粮食比往年多了，但粮价下降给农民售粮带来的损失会大于丰收后多卖了粮食所带来的收入。也就是说，粮食收成好时，农民的总收入反倒因为丰收而减少了。

我国近些年一些重要产粮区，农民屡屡陷入这种增产不增收的"悖论"之中。辛辛苦苦劳作下来，好不容易大丰收，却出现了大量农副产品推销不出去，最后被迫挥泪大甩卖甚至出现产品直接烂在田间地头的现象。从水稻到小麦，从蔬菜到水果，几乎挨个点名，无一幸免。面对市场变幻莫测的风险，农民们战战兢兢，如履薄冰，最终只能哀叹为什么受伤的是我是我还是我？究其原因，主要还是经济的自然规律在作怪，也就是我们前面所说的"谷贱伤农"。

农业是国民经济的基础产业，对于我们这样一个有着十四亿人口的发展中大国来说，粮食安全实在是太重要了，我国自古以来就有"仓廪实，天下安"的说法，保障老百姓基本口粮安全是一个永恒的课题，任何时候这根弦都不能松。这么多年来，经过上上下下的共同努力，我国粮食市场供应总体保持充裕，当前我国谷物自给率一直保持在95%以上。尽管也有一些进口谷物，但是谷物的进口主要是为了调节品种余缺。

在牢牢守住底线的同时我们也要清醒地看到，在国际经济一体化的背景下，国内外粮食差价越来

大，农业面临双重挤压，粮食安全挑战更为严峻。像这次新冠疫情初始蔓延的时候，一些传统的粮食大国开始惜售自己的粮食，立刻出现连锁反应，引起了国内少数居民的恐慌，一时间部分地区出现了非理性抢购粮食的风潮。民以食为天，农业关系到国计民生的稳定，来不得半点疏忽，但农业又是个比较容易受到伤害的产业，"谷贱伤农"现象如一而再、再而三的发生，会严重挫伤农民种粮的积极性，粮食安全最终也得不到保证。破解丰收悖论，防止"谷贱伤农"已经成为国家长治久安、百姓安居乐业的紧迫课题。

需要强调的是，丰收悖论尽管是从一定的前提条件出发，合乎逻辑地推导出令人难以接受的结论，但这并不意味着农业增产了，农民增收必然是不可能的。办法总比困难多，为了保护农民种粮的积极性，避免"流汗又流泪"的悲情故事一再上演，我们不能停留于单纯的经济学分析，必须从具体的国情出发，创新思路，积极探寻扶持农业发展的各种办法，力求做到农民增产又增收，确保国家粮食安全，把饭碗牢牢端在自己手上。

要使农民增产增收，其中一个重要的切入点就是，改变粮食商品的特殊性，增大其需求弹性。一般来说，一种商品的用途越是广泛，它的需求弹性就可能越大；相反，用途越是单一，它的需求弹性就可能越小。顺着这个思路，我们要做的就是加快粮食等农产品产业化发展，重点抓好对粮食的深度加工，延长粮食产业链，提高粮食附加值，从而扩大市场销路，降低市场风险。实践证明，产业链条拓展得越完善，粮食安全基础就越牢固，抵御风险能力就越强。

农业产业化既是推动农村经济结构调整的力量，更是增加农民收入的源泉。可以毫不夸张地说，农业产业化具有点石成金的本领。最直观的对比就是田间地头的一斤稻谷和超市里的一斤米，售卖价格大不一样。农民仅靠卖粮食、卖初级产品，增收潜力有限。而原始的农产品，经过农业产业化，质量精益求精，品种花样迭出，最终到达消费者手里，不仅给消费者带来了更大的满足，并且生产的"迂回曲折"还为农民带来了富足和繁荣。

在农业产业化的链条上，通过精深加工和综合利用，每增加一个环节，都可以开拓新的经济增长点，不断提升附加值。比如现在全民都提倡环保，市场上最流行绿色、无污染无公害食品，于是就有企业灵机一动，用玉米叶和玉米芯做成杯子、一次性餐盒，这些绿色产品既不污染环境，用过以后还可以拿去喂猪，其市场发展前景一致看好。还比如，田地里丰收了黄豆，原生态的黄豆恐怕爱吃的人不多，价格也不高，但黄豆可

磨成豆腐，豆腐又制成腐乳，随着工序的增加，生产链条的延伸，极普通的黄豆，鸟枪换炮般地变成了各式美味佳肴，附加值也成倍地增加。这就像网上一个段子戏言的那样：还是做豆腐最安全！做硬了是豆腐干，做稀了是豆腐脑，做薄了是豆腐皮，做没了是豆浆，放臭了是臭豆腐！稳赚不亏呀！以黄豆为原材料可制作的食物太多了，在黄豆生产链条不断延伸的过程中，农民的生产稳定了，收入有了保障，居民饱了口福，大家皆大欢喜、共同受益。

农业产业化的另一个功效，就是能有效地降低市场风险。我们常说，农业是弱质产业，既有自然风险，又有市场风险。比起其他产品，粮食的市场风险尤其大，就像前面所说的，粮食的需求比较稳定，受价格变动的影响小，因而容易出现"谷贱伤农"的现象。可是通过延长产业链，情况就大不一样了。

媒体曾介绍过这样一个新闻，有着 170 万亩耕地面积的襄阳市襄州区是鄂西北粮油集散地，粮食产能稳定在 27 亿斤以

上，这么巨大的粮食产能怎样才能转换成更大的经济效益？该区的主打思路就是将粮食加工成休闲食品。近年来在网络销售的神助攻下，襄州区双沟镇生产的双沟锅巴已成为休闲食品中的网红爆款，由以往的名不见经传到现在全国各地超市都有销售。据测算，1 斤粮食通过加工，可以生产出 1.15 斤锅巴，1 斤锅巴的市场售价为 15 元，这个价钱大致是 1 斤粮食的 15 倍，这一转化，让粮食几乎原地不动增值十几倍。锅巴产业的发展有效促进了本地粮食转化，粮食多了可以送进工厂做锅巴，无形中增加了粮食的需求弹性。

这样当粮食出现供大于求、价格下降时，人们就会用更多的粮食加工成锅巴和其他食品，既开辟了粮食的销路，又因需求增加稳住了粮食价格。在粮食供应出现缺口、价格上涨时，人们则会压缩各种加工的粮食需求，优先用于解决温饱，既缓解了粮食短缺，又因需求减少抑制了价格暴涨。如此这般，市场风险分散到了整个产业链上，对确保粮食供需平衡、稳定粮价起到了"蓄水池"的作用。

调整粮食生产结构，拉长农业产业化链条，也是顺应当前居民消费向小康化转变的客观要求。俗话说"民以食为天"，饮食是反映老百姓生活水平和生活质量的重要参照物。"贫穷生活想吃肉，小康生活爱喝粥"，这是高悬在一家粥铺的宣传语，反映了"与食俱进"的风趣的生活态度，也反映了随着居民收入水平、消费水平的提高，我们早已过了吃糠咽菜的阶段，粮食消费已由满足数量为主的温饱型，向以多样化、优质化为特征的小康型过渡。现在的老百姓口味越来越挑剔，越来越讲究品牌，越来越追求健康、营养均衡、饮食多样化。

　　大米是老百姓日常生活中必不可少的主食，近年来，为迎合部分消费者的高端需求，市面上各种免淘米、生态米、富硒米、水晶米等"概念米"层出不穷，令人眼花缭乱。普通大米几元一斤，但这些米的价格比普通大米翻了倍或者是几倍，有的甚至高达几十元一斤。比如富硒米，相较于普通大米而言，富硒米的营养价值当然更高。硒元素具有抗氧化、延缓衰老、增强人体免疫力的功能，所以富硒米上市后，销路非常好。商家给消费者推送的心理暗示就是花一般的钱只是买米，而花大价钱还能买心安和尊贵感，值了！

　　当前市场上各种"概念米"的走俏，内中既有商家以"营养健康"为营销宣传的噱头，更表明了居民营养健康多元化的消费升级需求。这就要求充分发挥市场价格对生产的反馈引导作用，促进农业种植结构的调整优化，开发出更多的绿色优质粮油新产品，实现多元化、定制化、个性化的产品供给，加快农业粮食供给从解决"吃得饱"到满足"吃得好"的转变，如此这般，农民必将从中尝到增产又增收的甜头，丰收悖论当可破矣。

囚徒
困境

—— 博弈论

经济学中有个著名的"囚徒困境"故事：一起严重的盗窃案发生后，警察在现场抓到两个犯罪嫌疑人。事实上，正是他们一起偷窃了仓库并藏匿了赃物。但是，警方没有掌握足够的证据，只得把他们隔离囚禁起来，要求他们坦白交代，并且明白无误地告诉他们，如果他们都承认偷盗，每人将被判入狱3年；如果他们都不承认，每人将只被判入狱1年；如果一个抵赖而另一个坦白并且愿意出来指证，那么由于"抗拒从严"，抵赖者将被判入狱5年，坦白者将被宽大处理释放。在这样的设定条件下，这两个囚徒将怎样做出对自己最有利的选择呢？

我们假定两个囚徒都是只为自己利益打算的所谓"理性主体人"，那么，结果会怎样呢？在甲看来，如果乙选择了抵赖，甲选择坦白的话，甲将被释放；但是，如果甲也选择抵赖的话，将被判入狱1年。两相比较，甲认为选择坦白对自己更有利；如果乙选择坦白，甲也选择坦白的话，两个人都要坐3年牢；但是，如果甲选择抵赖的话，可要坐5年牢，两相比较，甲认为还是选择坦白对自己更有利。同样，不管甲采取什么策略，乙认为选择坦白对自己更有利。

在这个假定的故事中，显然，最好的策略是双方都选择抵赖，结果是大家都只被判入狱1年。但是，由于两人处于被隔离的情况下无法串供，每一个人都是从利己的角度出发，每一方都只选择对自己最有利的策略，而不考虑任何其他对手的利益或社会福利，但如果真要这么去选择，这种策略得出的结果有时又适得其反。到底是选择坦白还是抵赖呢，这就是"囚徒的两难境地"。在经过一番剧烈的思想斗争之后，囚徒们明明知道招供对自己并非上上策，坚决抗拒才是最优之策，但囚徒们最后还是选择招供。为什么？是因为害怕其他的囚犯一旦招供会对自己更加不利。

囚徒困境通常被用来说明这样的道理：一个人自私地寻求最大效益并不意味着就能得到最好的结果，也不意味着由此可以促进公共的善，个人的最优选择带来的却是公共福利的损失。相反，只有舍个人小利的合作才能获得最好的结果。囚徒困境可以广泛运用到跟群体利益、公共成本有关的各种事情中。比如日常生活中的交电费，大家都知道空调特别费电，如果一个人住，不太热的话能忍受，晚上就不会一直开。而当合住者一起平摊电费时，就会陷入是否吃亏的计较，谁知道对方是不是时时刻刻都开着空调呢？为了不让自己吃亏，自己觉得稍微有点热就不忍了，开一整晚空调也舍得了。倘若集体中的每个人都这样想，每个人都选择了看似最利己的方案，最终结果却是抬高了成本，导致每个人都受损。

而乘坐公共汽车时的乱挤现象，就相当于多人的囚犯困境博弈。如果大家都按序排队，即使这一趟车上不去，下几趟车总可以轮上，这是全局最佳战略。但通常总有少数几个乱挤者破坏整个秩序，导致大家一拥而上的混乱局面，结果所有的人都多花了力气和时间，还不知道自己能不能挤上公共汽车。

在上面的例子中，包含着一个有趣的理论——博弈论，这是现代经济学最为前沿的理论之一。博弈，下棋也，下棋的时候需要根据对手的棋路来做出自己的选择，很像经济活动中人们为了自己的利益而互相切磋、互相牵制，最后实现均衡的过

程。博弈论又叫对策论，它研究两人或多人对局时，各方如何决定自己的策略，以求得最佳结果。比较像我们平时玩的石头剪刀布游戏，在出招之前，我们不知道对方会出什么，必须设想如果自己处在对方的位置会出什么，然后再推算这么出会带来什么结果。也就是说，既要站在自己的角度考虑，还要站在对方的角度考虑。它是对利益对立条件下人的选择规律性的客观研究。

这个从棋弈、桥牌中借用来的术语，在经济学中已经得到了非常广泛的应用。"囚徒困境"这一概念最早是由美国普林斯顿大学的数学家增克于 1950 年提出的，他当时创造出这样一个故事是为了向世人解释什么是博弈论。后来，囚徒困境故事不胫而走，成为博弈论中最著名的案例。最近三四十年，经济学可以说是经历了一场博弈论革命的热潮，尤其是 1994 年的诺贝尔经济学奖一下子授予了三位博弈论专家，这更激发了人们了解博弈论的热情。

　　囚徒困境实际上是现实生活中许多现象的一个抽象概括，人们一旦陷入其中，要摆脱这个困境远非易事，有时甚至可以说是无法自拔。

　　例如在市场竞争中，作为消费者经常会遇到各种各样的商家价格大战，彩电大战、洗衣粉大战、饮料大战……为了争夺更多的市场，商家之间拼得你死我活。当企业为了利润的竞争进行价格大战的时候，我们说他们就陷入了"价格大战的囚徒困境"。这些年一路走来，企业间恶性竞争的时候多，互相合作的时候少，价格战打得绵绵不绝，让众多厂家遍体鳞伤。其实地球人都知道价格战对彼此来说并非一个好策略，但"人在江湖，身不由己"，或者说是"一入侯门深似海"。

　　企业争斗的目的当然是增加自己的利润。可能常人会想，要增加利润，只要提高商品的价格，东西卖得贵了，赚钱不就多了吗？的确，如果一家企业垄断了整个市场，提高价格当然会增加你的利润，但如果存在两家以上相互竞争的企业，每家企业的决策都对整个市场具有不可忽视的影响，也在很大程度上受到竞争对手反应的影响与制约，并且消费者可以在企业之间任意选择购买，这时候，你单方面冒进提价的结果不仅不能增加利润，反而可能会使自己的企业利润下降。原因很简单，如果你提价，对方没有提价，你的东西贵了，而市场上大爷大妈可不是你的铁杆粉丝，明确表示"哪家便宜就去哪家买"。这样，你的市场份额下降很多，利润也就跟着急剧下降，对方原地不动坐收渔翁之利，生意比原来好得多，利润大幅度上升。这是历经市场经济洗礼的一般人都明白的道理。

　　在囚徒困境中，一旦某方选择了"非合作"而恶性降价，其他方再以同等程度甚至更为凌厉的降价攻势加以应对，各方均陷入持续的"非合作"僵局，恶性价格战开始不断升级，一场恶斗下来，我们就会看到，硝烟过后其实并无赢家。且不说恶性降价会危害经济的健康持续发展，扰乱市场的正常价格秩序，单是对卷入价格战的企业而言，一个最明显的弊端就是由

于行业利润过低，企业会相应减少在生产、营销、管理等领域的投入，致使整个行业发展后劲不足，最终造成在产品研发创新方面的"贫血"。

如果清楚双方恶性竞争的惨淡前景，企业之间当然可以私下接洽合作，都实行相对较高的价格，市场独此一"价"，别无选择，这样就可以避免彼此大打价格战，从而获得比较高的利润。有人把这样一种合作的做法叫作"双赢对局"，即双方将都是赢家。

可惜正如上面揭示的，尽管在价格大战博弈之中，合作很吸引人，但总是"理想很丰满，现实很骨感"。历史上中东石油输出国组织欧佩克，为了联手保持住国际市场石油价格，组织相关国家谈判，限制石油产量。每个国家最初都是以国家信誉担保签订了合约，合约明确规定了每个国家年石油出口量，但执行的效果总是不尽人意，闹到最后彼此脸红脖子粗，相互谴责对方不遵守盟约，私下多出口石油赚钱。

国家尚且如此，更别说企业了，企业尽管有时也会签订价格联盟之类的协定，但五花八门的价格联盟总是非常短命脆弱，道理就是市场还缺乏一种相互信任及监督管理的硬核约束机制，其中任何一个厂商都不相信和指望他的竞争者会始终不渝地遵守盟约，总担心对方私下捣鬼，明里一套，暗里一套。每个企业都有自己的小算盘，它会考虑到如果自己不率先采取降价行动的话，其他竞争者们迟早也会下手，以夺取市场优势。与其被动挤出市场，还不如自己先下手为强。并且每个企业都认为这是在考虑到竞争者的情况下，各自做出的最好决策。结果正如我们在囚徒困境的例子中所看到的那样，所有的厂家都没能取得较高的利润。

2007年夏，中国食品行业普遍刮起了联合涨价风。光明、蒙牛、伊利等14家国内外乳品企业郑重其事地集体签署"乳品企业自律宣言"。宣言约定取消特价、降价销售等促销方式，目的就是遏制低价竞争，维护行业长远发展。但是实际执行的效果怎样呢？自律宣言的墨迹还没有干，为了占据更多的市场份额，不知道谁又开了第一枪，众多乳品企业再一次把商场变成了硝烟弥漫的战场。

"买一箱伊利纯牛奶送3袋250毫升牛奶""光明特浓纯牛奶原价3.2元现仅售2.2元""蒙牛买一箱送一袋"……整个市场铺天盖地都是类似的让利广告，而且定睛一看，乳制品业的知名品牌无一例外都参加了促销活动。为什么当初如此高调、信誓旦旦的价格联盟在短时间内就土崩瓦解了呢？还是因为众多商家陷入了价格竞争的囚徒困境。如果对方不降价，我最好降价，如果对方降价，更得降价。最终结果是，只有降价才是每个企业的策略。

现在我们一般的囚徒困境认为是进退两难，无解。现实生活中囚徒困境难道就真的无法破解？也并非无可能。仔细辨别你就会发现，上面困境指的多是一次性博弈，也就是俗话说的一锤子买卖。而多次博弈时，为了在下次博弈获得好处，博弈者可能会采取合作的态度。我们可以用一个例子来说明其中的道理，比如火车站附近的商店卖的东西常常质量差，餐馆里的饭菜不会太好吃，而且价格还很贵，因为顾客多是一次性的过路人，宰一回是一回，商店就没指望你事后还惦记着它的好；而小区里饭店的质量、服务一般说来都很不错，价格也很公道，原因在于他们主要靠的是回头客。因此，连续的合作有可能成为破解囚徒困境的钥匙。

当然现实中并非所有的合作都是对公共有益的，社会必须防止恶意的"合作"。比如故事中的这两个囚徒在作案之前可以说好，咱们如果进去了，一定都抵赖。如果你这一次胆敢坦白，那么以后道上的人会对你进行严厉惩罚，这样两人被抓后就可以放心大胆地选择合伙抵赖。囚徒的这种共谋合作是以损害社会利益或他人利益为结果的，必须由警察出面来阻止这种串通合作的发生，以保护社会正义。因此，并非所有的合作都是好事，都应该被提倡和支持。社会上存在利己利人的善意合作，也有相互勾结起来损人利己的恶意合作，比如造假者与售假者的合作、协议性垄断以及陷阱式的广告与销售等行为都属于恶意合作。前者需要用制度促进，后者则需要用制度来限制。通过制度来对合作进行管理和限制，建立良性的正向激励机制，阻止损人利己和内耗，最终达到增进全社会福利的目的。

胡萝卜与
大棒

—— 利润与竞争

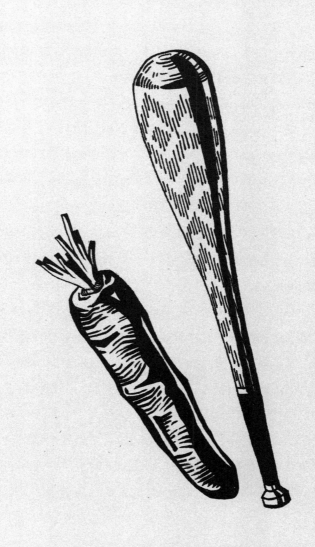

　　胡萝卜与大棒源自一个古老的故事：一个主人家的驴子自恃劳苦功高，开始不好好干活偷奸耍滑，但是驴子想要与人斗，还嫩了点。主人要使驴子前进时，就在驴头上绑一个小棍子，小棍子上挂一个胡萝卜，于是驴子眼睛一亮，目光会一直追逐那根触手可及的胡萝卜，自然而然地就前进了。或者主人干脆用一根棒子在后面使劲地抽它催促前进，恩威并施之下，驴子再也不敢耍小性子了。故事中主人只是略施胡萝卜与大棒小计，便把不知天高地厚的驴子治得服服帖帖的。这个故事流传至今，运用到经济领域，通常指的是一种奖励与惩罚并存的激励行为。

　　胡萝卜与大棒，看似风马牛不相及的东西，但在市场经济活动中它们却不是冤家不聚头。在激烈的市场竞争中，企业作为生产经营活动的主体，为了利润最大化，总是不断优化各种生产资源并进行技术创新，尽可能地使其生产成本小于竞争对手。在这里胡萝卜意指企业的利润，大棒则是指企业之间的竞争。企业间的竞争无疑是痛苦的煎熬，但胜出的回报却是甘甜的利润。

　　利润的诱惑力实在是太大了，马克思曾经说过，如果有百分之二十的利润，资本就会蠢蠢欲动；如果有百分之五十的利润，资本就会冒险；如果有百分之一百的利润，资本就敢于冒绞首的危险；如果有百分之三百的利润，资本就敢于践踏人间一切法律。在充分竞争的市场上，任何一个行业，可能在初期利润丰厚，但其后必然走向微利，甚至达到"零利润"，这是企业竞争走向的必然宿命。因为只要有竞争，高利润的行业很快就会"招蜂引蝶"，吸引新的企业参与进来"分一杯羹"，在供给增加的同时迫使价格下降，使行业的平均利润率越来越低。比如最早在北京中关村卖组装电脑的无疑是率先富起来的一部分人，那时候帮别人装一台电脑最高可以赚几千块，利润相当高。可是随着进入这个行业的人越来越多，竞争越来越激烈，市场开始趋向饱和，加之网上价格的公开透明化，到最后组装电脑这个行当基本上是无利可图，现在市场上已基本不见其踪迹了。

怎样成为竞争的幸存者，怎样在每件商品几乎无利润的情况下获取规模利润？这是摆在每一个企业面前寻求生存发展的第一要务。面对着不绝如缕的战火硝烟，有一些人恨恨地把竞争视为"狼"，更把强大的外部竞争视为"狼中首恶"。但人们从对自然界进化规律的研究中早就知道，狼的存在是羊这一物种发展不可或缺的必要条件。科学家考察非洲奥兰治河周边的羚羊，发现该河两岸的羚羊繁殖能力与奔跑能力大相径庭。繁殖力强、奔跑速度快的东岸羚羊之所以强健，是因为它们附近生活着一个狼群，由于天天生活在一种"竞争氛围"中，为了生存，它们反而越活越有"战斗力"。而西岸的羚羊之所以弱小，恰恰是因为它们缺少天敌，没有生存压力。

正是由于狼对羊群的不断追逐，不断淘汰其中的病弱个体，羊的群体才得以强壮和进化。如果没有这种强制性的外在淘汰机制，即使有充足的食物供给，羊群也会因退化而自然消亡。这个道理听起来残酷，然而事实就是如此。这个规律同样适用于社会经济发展过程，现代企业的竞争实则是一场没有休止的"狼与羊"的战争。

　　年纪略大的人，应该都听说过国内一个曾经家喻户晓的品牌——"爱多VCD"，在1997年，爱多VCD以2.1亿元一举夺下央视标王。当时的老板胡志标事后还矫情地感叹："才2.1亿？太便宜了。"也就在那年，一条由成龙领衔主演的广告片充斥着全国电视画面，广告词十分简洁干脆："爱多VCD，好功夫！"通过铺天盖地的广告和明星站台，爱多VCD销售额高达十几亿元，可谓风光至极。可是不到两年，整个市场风云突变，电脑普及，设备更新，而爱多抱残守缺，没有任何创新举措和新产品推出，市场销量开始节节败退，最终在2000年宣告倒闭。真可谓是"其兴也勃焉，其亡也忽焉"。而曾经豪言壮语的老板胡志标，也因为诈骗罪锒铛入狱。

　　世上的竞争就是这么残酷，没有一个幸运儿能一直被命运眷顾，你稍微止步眯眼打个盹，就有可能被竞争对手远远抛在身后。在遥远的非洲大草原上，每天当太阳升起

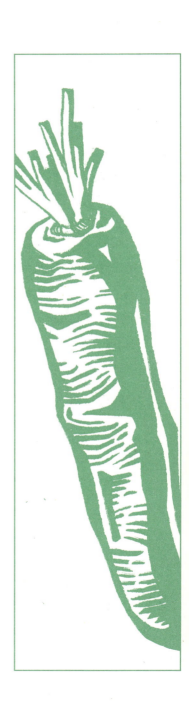

来的时候，动物们就开始奔跑了。狮子妈妈开始教育自己的孩子："孩子，你必须跑得再快一点，再快一点，你要是跑不过最慢的羚羊，你就会活活地饿死。"在另外一个场地上，羚羊妈妈也在反复叮嘱自己的孩子："孩子，你必须跑得再快一点，再快一点，如果你不能比跑得最快的狮子还要快，那你就肯定会被他们吃掉。"

完全竞争市场是经济学家所追求的理想状态，在这样的完美市场里，全面排除了任何垄断和限制行为，市场主体依捱市场的自发调节自主运行，企业在其中进行充分竞争。完全竞争市场对企业来说，给予了足够的外在压力和动力，企业不进则退，适者生存。对消费者来说，竞争会让企业竞相降价，消费者将享受到更多物美价廉的产品。

但是顺着这个逻辑走向往下分析，就会发现，竞争迫使企业展开一轮又一轮的价格战，最后的结局不是谁也没有利润吗？既然竞争的长期后果是利润为零，追逐利润的企业为什么还要热衷于市场竞争呢？这个问题曾让经济界大名鼎鼎的张五常教授犯了难，当年他在美国加州大学洛杉矶分校求学时，就是因为没有回答好这个问题，在经济系的核心考试中翻身落马。

这个看似简单的问题实则并不简单。北大周其仁教授后来说，如果要是让他回答这个问题，他想到的答案是：只有长期利润为零的趋势，才能迫使企业不断创新，争取获得"创新的垄断利润"，离开周而复始的平庸运动。

当今社会技术变化迅速，经济结构变动剧烈，企业如果要生存下去，利润中的一大部分必须维持企业的创新，在新的尚未开发的领域开疆拓土，唯有不断创新，才能获得新的竞争优势，开发出新的利润。就像平安公司老总马明哲经常说的一句话："平安永远不变的是一直在变。如果忘记这一点，那我们将会很不平安。"聪明的企业正是这样，面对市场空前强大的复制能力，不等行业做老，不等产品做滥，在零利润前及时转身，改造旧的产品，开发新的产品，甚至开创新的行业。企业要想永立潮头处于不败之地，就是要做到"人无我有，人有我优，人优我转"。零利润的归宿看似使企业前景悲观，但实际上恰恰形成优胜劣汰的市场环境，促使企业不得不居安思危，不断开拓创新，为行业和市场创造新的价值。

古希腊神话中有一个西西弗斯推大石头的故事，他明知自己不管如何努力，第二天太阳升起的时候石头还会回至山脚下，但他每天仍不知疲倦地再把石头往山上推。今天的企业就如同那个身负重任的西西弗斯，在昏天黑地的竞争中，当某企业为了吃到更多的胡萝卜而采取了一项先进技术，使其生产产品的

成本下降，它会发现它的竞争对手随后也会同样采取先进的甚至更为先进的技术，它只好继续先人一步进行技术创新。就这样，市场中的所有企业为了生存，迫于竞争的压力都在不断进行创新。如果想懈怠缓口气歇歇脚的话，企业就可能会一点儿胡萝卜也吃不到，甚至连吃进去的也要吐出来。

　　以外资企业大量进入我国为例，随着改革开放的推进，国内一个接一个的行业对外资开放，刚开始跨国公司利用其资金、管理、技术等优势，迅速抢占了大量的市场份额，淘汰了大批中国企业，一时间可以说是风光无限。但市场竞争永远充满着未知数，过去先进不代表现在先进，现在先进不代表永远先进。在家电、电脑、通信设备等行业，一部分优秀的中国企业充分发挥自己本土化的优势和快速学习的能力，不断地消化吸收再创新，迅速追赶，重新占据了主要市场份额，并且获利颇丰。

　　手机行业内的"城头变幻大王旗"可以说就是一个中国企业逆袭的成功典范。当外资刚进入时，市场上基本是由摩托罗

拉、诺基亚、三星这样的国外品牌一统天下。面对不利局面，国产品牌稳住心神，苦练内功，重构发展战略规划，重新定位产品，确定了精品路线，不断增加研发投入，在品质改进上侧重满足国内消费者偏爱现场体验拍照、音乐、语音等功能的市场需求。思路一变天地宽，在刀光剑影的血拼当中国产品牌狂飙猛进，并逐渐收复失地。现在的手机行业早已换了光景，国产品牌的市场占有率遥遥领先，成为手机市场的新霸主。而且这个遥遥领先不仅指在国内市场雄踞榜单，还包括在国际市场扬眉吐气。2020年全球销量排名前五名的手机品牌分别是三星、华为、苹果、OPPO和小米，这五大手机厂商占据了全球近70%的市场份额，让国人骄傲自豪的是这前五名中有三家是中国企业，这个骄人成绩在以前是绝对不敢想象的。

利润的实现与保护主义构成悖论。事实上，一个国家行业保护的初衷可能是好的，但长期的保护政策必将形成低效率低运作的机制，降低市场竞争的能力，最终导致整体实力的衰落。2001年，中国成功加入世贸。紧随而来的是紧锣密鼓的关税减让执行。在保持关税总体水平呈现下降趋势的前提下，我们采取了结构性的关税保护，对汽车行业设立相对较高的关税保护，相反通信技术等领域的进口关税则较低。今天回过头来看，处在自然竞争状态的电子通信技术，已一跃发展到了世界领先水平，而被重点保护的汽车等相关行业，反而发展得不尽人意。

根据中国汽车工业协会的统计数据，现今国内自主品牌的市场占有率仍不足一半，合资车全线占领各类车型的销量前列，中国汽车还没有一款成为领先世界的、响当当的品牌。之所以造成这种现象，正是由于长期以来我国汽车业得到了政府很多优惠保护、扶持政策，就如同温室里的花朵，因为温室养护，过度保护，反而失去了野蛮生长、竞争的能力。在市场交易看似繁荣的下面，中国汽车工业并不拥有同步增长的技术研发能力与市场扩张基础，仅仅是为跨国公司汽车巨头"作嫁衣裳"，这也使得近些年跨国公司在中国生产轿车获取了惊人的高利润。

　　凡是过往，皆为序章。对几乎所有中国汽车厂商来说，未来不可能永远依靠保护政策来实现发展，"不经历风雨，怎么见彩虹，没有人能随随便便成功"。只要中国汽车人拿出欲与天公试比高的志气和勇气，坚持走自主创新的内涵式发展道路，外加市场竞争的不断洗礼，中国汽车产业健康成长的好日子一定会到来。

淋浴中
的傻子

—— 政策时滞

　　美国经济学家弗里德曼曾经讲过一个"淋浴中的傻子"的故事，傻子打开水龙头，想洗个热水澡，但是合适温度的热水出来需要几秒钟的时间，可是傻子等不及，觉得刚出来的水太凉了，于是调节水龙头，水终于升温，可这次出来的水又觉得太烫了，傻子接着再次调节水龙头降温，一次不行两次，可是几秒钟后出来的水又太凉了。如此周而复始，把这个傻子搞得手忙脚乱，一直在冰火间挣扎，结果就是洗不成澡。殊不知，正是他自己不断尝试改变水温的举动，造成了过犹不及的结果。

　　日常生活中我们每个人都有过类似傻子洗澡的体验，当洗澡调节水温时，往往不能很快地达到自己想要的最佳水温。原因很简单，调节水龙头想要达到的水温和我们实时所感受到的水温之间有一个时间差，这个时间差阻碍了我们快速精准的判断和调节。弗里德曼以此做比喻，将政府试图稳定经济的努力形容为"淋浴中的傻子"。

　　"淋浴中的傻子"在经济学中的规范术语叫政策时滞。所谓政策时滞是指从经济发生变动，认识到有采取政策措施的必要性，到决策者制定出适当的经济政策并付诸实施之间的时间间隔。

　　西方经济学认为，在宏观经济调控中，政策时滞是一种难以完全避免的现象，按时间起始划分，政策时滞包括三方面内容，即认识时滞、决策时滞和行动时滞。认识时滞，是指从经济运行偏差的产生到人们意识到这种偏差，需要经过一定的时间。经济失衡往往是一个累积性的过程，而不是一种突发性事件，所以在偏差的萌芽阶段，人们很难觉察到细微的变化，只有当这种不协调累积到一定程度，其症状表现为日益尖锐的外部冲突时，人们才可能意识到问题的严重性，才易于对形势做出较为准确的判断，是否应对经济运行实施宏观调控这一问题也才会提上议事日程。

决策时滞，即当意识到需要采取行动到正式决定采取某种行动之间所经过的一定时间。这里包括广泛收集信息资料，进行分析研究，拟订调控方案，最终做出决策，以及通过一系列必要的法律程序等所花费的时间。在西方国家这个时段尤显漫长，受限于西方国家固有的政治体制，一项重要财政政策的变动，除了一般性的调查研究和政策拟定过程外，仅仅由立法机构辩论通过，就需耽搁数周甚至数月不等的时间。

效果时滞，即从开始实施某种调控措施，到该种措施产生实际效果之间需要经过的一定的时间。这主要是由于经济肌体内部作用机制的传导不是一步到位，而是层层传导。比如，社会上出现了通货膨胀，政府拟采用紧缩性财政政策进行控制，这中间就有一个"增加税收、减少财政支出—居民与企业收入、公共工程开支、政府购买等减少—需求量减少—通货膨胀缓解"的传导过程。

认识时滞、决策时滞和行动时滞三者结合在一起，构成了总的政策时滞。在现代市场经济运行中，科学的宏观调控始终是关系资源配置能否最终达到整体优化、国民经济能否持续高效率发展的关键性问题。而政策时滞现象的存在，对于宏观经济的正常运行以及宏观调控本身，都有诸多不利的影响。

首先，政策时滞会使经济运行失衡造成的损失增大。宏观

经济运行就像一辆高速运行的列车，具有巨大的惯性，一旦出现偏差，就算发现也来不及立刻刹车，这种偏差会循着错误的轨道持续扩大，由此造成的损失是与宏观经济在误区内运行时间的长短成正比的。因此，越能尽快地校正经济运行中的偏差，使宏观经济越早回到正确合理的轨道上，便越能减少偏差造成的损失。反之，则会使损失越大。但在现实中人们不得不承认，宏观调控中政策时滞的存在使得经济运行中的偏差难以及时得到纠正，于是便相应延长了宏观经济在误区内运行的时间，增大了经济运行失常造成的损失。

其次，政策时滞增加了宏观调控的风险性。宏观调控要求决策者掌握充分信息，对经济形势做出正确判断。可是现代经济体系日益发展成为一个错综复杂的系统，内部诸关联要素往往牵一发而动全身，尤其是经济肌体非常庞大的情况下，在经济运行中很容易出现"东边日出西边雨"的现象，热中有冷、冷中有热，经济结构性矛盾突出。面对如此复杂的经济乱象，不要说政府决策者，就连经济学家有时候都莫衷一是，没有一个统一的看法。因而对宏观经济运行实施调控客观上总是带有一定的风险性，换句话说，如果判断失误的话，调控不仅不会奏效，甚至还可能适得其反，并且这种风险由于宏观调控存在政策时滞而陡然增大。因为即便是一项正确的调控措施，从提出、通过到实施再到实际发生作用，总需要经过一段时间，而在这段时间内客观经济形势很可能已发生了变化，时过境迁以后，不仅原先正确的措施不再有效，而且还会产生南辕北辙的效果，将实际经济生活推向更为无序的境地。

比如当经济波动处于低谷期，政府为刺激经济，实行相应的扩张性经济政策，但是由于时滞的存在，政府的扩张性政策不可能立刻对经济产生刺激作用，政策对经济波动的影响要推延时间才产生作用，但此时经济经过这一段时间的自我修复，

可能已经复苏。这样，政府的扩张性政策不仅没能达到拉动经济的初衷，反而形成了政策与经济发展的错位，拉大了经济波动的波幅，使波峰到波谷之间的落差加大，导致经济更加跌宕起伏。这个过程用平时我们经常说的一句俗话来形容，那就是计划赶不上变化。

最后，政策时滞使及时检验调控措施是否得当变得更为困难。宏观调控不仅存在方向是否正确的问题，而且还存在措施选择是否得当的问题。因为面对复杂多变的经济形势，即使方向一致的不同政策措施之间，还有着猛烈程度、实施阻力等方面的区别。就像医生面对患同一病症的病人，要想治愈当然首先药要对症，药用错了只会增加病人病情恶化的风险，其次因病人症状轻重表现不一，故而药的剂量要因人而异，服用下去后还得随时观察药后反应，以确保不出意外。理想的宏观调控措施应适合具体情况，力度适宜、震动较小、易于贯彻执行、随时能得到检验，并依据结果作及时必要的调整。但由于宏观

调控存在着政策时滞，各种调控政策措施的效应均须经过一段或长或短的时间才能逐渐显露出来，因而要想这种检验做到十分及时准确的反馈相当困难。

很显然，政策时滞的客观存在使宏观调控的操作更加复杂，并对之提出了更高的要求。为尽量抑制和消除"时滞"因素的不利影响，切实提高宏观调控的有效性，从大的层面说要着重做好以下两方面工作：

一方面要加强对宏观经济的监控与预警。监控预警太重要了，就如抗战时期，每次日军只要一出动进行扫荡，时刻守候的游击队观察哨就采取放倒消息树的方法，隔着山头逐一接力传递信息，如此这般纵深推进，为根据地的乡亲们安全转移腾出了宝贵时间。同样道理，对宏观经济的监控与预警有助于把握经济波动客观规律，为进一步制定正确有效的政策确立基础、留足空间。

建立健全监控预警系统，在于研究并设置一套科学的监测指标体系，借以准确地显示宏观经济的运行状况及发展趋势。通过设立从不同时间段上反映出国民经济运行状况的指标，认真进行跟踪、分析形势，及时发现经济运行中出现的问题苗头和矛盾动向，从而及时报警，大大缩短认识滞后的时间。

指标数字出来以后，还要注重采用先进技术进行定量分析。宏观经济运行中各重要的经济变量之间有着内在的、密切的联系。准确地揭示这种联系，对于在复杂情况下迅速抓住主要矛盾，从而有效地缩短宏观调控的决策时滞具有十分重要的意义。要广泛采用各种先进技术，运用现代经济计量学的研究成果，建立各种宏观经济计量模型，对重要经济变量之间的关系作出精确的描述，进而通过经济计量模型仿真各种政策措施的效果，对不同调控方案进行比较和选择，借以迅速及时地作出最优化决策。

另一方面宏观调控要适度超前。凡事预则立，不预则废。严格地说，要完全消除政策时滞是不可能的，可行的选择只能是针对政策时滞加强宏观调控的前瞻性，科学预测，及早动手，尽量抵消政策时滞的不利影响，求得宏观经济运行的相对平稳。宏观调控适度超前主要表现在三个方面。首先，调控时间适当前移。在调控存在政策时滞的情况下，要尽可能"熨平"经济波动，各项调控措施的实施在时间上就必须有一个提前量。也就是说，在经济运行还未到达"波峰"时，就应提前启动各种调控措施，以控制需求，防止经济过热，抑制通货膨胀；在经济运行还未完全跌到谷底时，就应提前启动各种扩张性调控措施，刺激需求，消除市场疲软，减少停工停产和待业等，以避开过度的萧条与不景气。

再次，调控措施相机抉择。宏观调控在时间上的提前量应视各具体调控措施与方法的性质而定，最理想的莫过于提前量大体上等于效应滞后量。而各种不同的宏观调控政策与措施具有不同的效应滞后量。因此，从减少调控风险的角度考虑，便应侧重选择那些滞后量小因而调控时间提前量亦小的政策与措施，作为主要的宏观调控政策措施。在财政政策和货币政策两大主要宏观经济政策中，一般来说，财政政策的制定和通过需经过比较复杂的程序，因而要延续较长的时间，但实施以后见效较快，而货币政策的制定和决策过程较为简易，但实施以后见效较为迟缓。因此，在每一轮具体的宏观调控中，应从实际情况出发，权衡轻重，选择在当时情况下对自身最为有利的政策作为主要调控措施，以缩短调控提前量，降低调控的风险程度。

最后，调控操作力度逐步递减。各种宏观调控政策措施具体操作的力度，对调控效应有着重要的影响。总结西方市场经济国家的经验以及我国长期以来的宏观调控实践经验，较为理想的调控模式是"操作力度递减"模式。即一项调控政策措施全面实施后，从某一时点起便有意识地渐次放松操作力度。比如，采用紧缩性信贷政策抑制总需求，在具体实施中，起初应从紧从严，坚决压下货币闸门，以有效地压缩总需求。尔后，便应有意识地逐渐放松控制力度，适当开启闸门，先对一些综合效益好，符合产业政策而又资金紧缺的行业、部门、企业给予信贷资金的扶持，然后再在产业政策指导下有步骤地向更广阔的范围推进，逐渐放松银根，促使整个经济走上正常发展的轨道。

采用操作力度递减模式，可以避免宏观经济运行在越过波峰后，迅速下滑，或者走出谷底后超常膨胀，从而避免过山车式的大起大落。这对减少经济生活中的震荡和由此造成的巨大损失，保证宏观经济运行尽可能平稳有序是极为有利的。

分粥
理论

—— 制度设计及变迁

经济学中有一个著名的分粥故事，说是在一个荒无人烟的小岛上，有七个人每天面对着唯一的一锅粥，因为资源有限，再加之没有计量设备，所以他们每天最重要的任务就是如何平均分配这锅粥。一开始，他们抓阄决定谁来分粥，每天轮一个。于是乎每周下来，他们发现只有一天是饱的，就是自己分粥的那一天。于是他们转而开始推选出一个道德高尚的人出来分粥。人选出来了，但是问题也跟着来了，大家开始挖空心思去讨好他，贿赂他，搞得整个小团体乌烟瘴气，集体谄媚之下，道德高尚的人最后也把持不住"沦陷"了，谁给好处就给谁多分一点。此计不成，又生一计，大家开始组成三人的分粥委员会及四人的评选委员会，但彼此常常互相指责攻击，等扯皮下来，粥吃到嘴里全是凉的，严重缺乏效率。

情急之下他们脑洞大开，又想出一个全新方法：轮流分粥。但分粥的人要等其他人都挑完后拿剩下的最后一碗。令人惊奇的是，在这个制度下，七个碗里的粥每次都是一样多，就像用精度仪器量过一样。因为每个主持分粥的人都清醒地认识到，如果七个碗里的粥不尽相同，他确定无疑将享用那份最少的。为了不让自己吃到最少的，每人都尽量分得平均。事实证明这次分粥的办法最为公平、最有效率，且方法最为简洁实用。此办法施行以后，大家再也不用为碗里的粥孰多孰少争吵了，开始快快乐乐、和和气气地过日子。

分粥故事给我们最直接的启示就是：制度至关重要，好的制度浑然天成，设计清晰而精妙，执行简洁又高效，令人折服而自觉遵从。

制度是什么？经济学家诺斯认为，制度是一个社会的游戏规则。或者更规范地说，制度是构建人类相互行为的人为设定的约束。没有规矩，无以成方圆。人的本性都愿意不受制约放飞自我，大到整个社会，小到一个单位，人们追求自身利益的行为常常是相互牵制乃至相互冲突的，就好比过十字路口，人人都想早些过去，倘没有"红灯停，绿灯行"的规矩，大家一拥而上，估计都得堵在那儿彻底趴窝。为了协调人们之间的利益冲突，维持集体的生存和社会的秩序，人们无时无刻不需要用制度去规范个体的行为。可以说适宜的制度是人们之间良好合作的前提，也是经济发展的首要保证。假设没有制度提供的秩序，人类社会恐怕仍将停留在完全弱肉强食、纷争不已的远古丛林时代，进化不到当今的文明社会。

制度是一种游戏规则、一种激励机制，制度非常重要，它在很大程度上决定着选择与结果之间的关系，对于社会秩序与经济效率具有决定性的影响。现今德国社会人们生活中有个习惯，走在前面的人喜欢帮后面的人扶门，对此有人不无羡慕地说德国民众天生素质就高，此话也不尽然。真正的原因是德国政府为防患于未然，早早就制订了一整套详尽规则，比如云律中有明确规定，关门时不小心把人撞了，你得无条件赔偿，还得帮人医治。这些规定都很具体，操作性很强。包括遵守交通规则、按秩序排队等，都是循着这个思路制订出的细化规则，随着时间的推移，这些倡导的行为就逐渐固化，成为人们下意识的习惯，整个社会也随之变得文明起来了。

传统的宗教和道德哲学多以改变人性为出发点，认为通过教化感悟可以使人扬善弃恶、修炼得道。但在经济学家看来，作为人类，人的天性是很难改变的，但我们可以"隔山打牛"，通过改变制度来改变人的行为。所谓的理性行为，实际上就是指人们在遵循制度所确定的各种游戏规则的前提下，力图以最小的代价去获取自身的最大利益。因此，人的行为，不管看似合理的还是不合理的，均与其生活中的制度，即游戏规则有着直接或间接的关系。

计划经济年代里人民公社制度是我国农业领域的生产组织制度，在这种制度下，个人收益与个人劳动付出相匹配的基本经济原则被破坏，由于没有激励机制，在当时广大中国农村造就了一大批懒汉。所谓"出工像鸭子，干活像公子，收工像兔子"的顺口溜，就是对当时部分中国农民的写照。像当年的四川农村，冬天妇女是要积肥算工分的。积肥的活，劳力上没有太多的要求，但是技术上可大有讲究。若

以体积记工分，她的草一定割得浅，装得也很松散；若以重量记工分，她的草一定割得深，甚至带了不少泥土。通常，面对不合理的个人行为和社会现象时，人们总是指责当事人道德水准低，品行恶劣，而不去挖掘导致有关个人行为与社会现象的制度根源，其实，凡事皆有其因，也有其果。导致不合理行为的重要原因之一就是不合理的制度。相反与时俱进，对制度结构和制度安排进行合理调整，将会产生巨大的社会效益和经济效益。

同样还是在农村，20 世纪 80 年代初期摒弃了沿用多年的人民公社制度，转而实行家庭联产承包责任制，这种制度把农民的劳动和所得紧紧连在一起了，按农民自己的话说是"交足国家的，留足集体的，其余是自己的"。由于有了激励勤劳的机制，人还是那些人，地还是那些地，但粮食产量却大幅度增加。这是为什么呢？答案就在于制度变了，而不是人性变了。家庭联产承包责任制这种新制度给人们提供了新的激励，使被人民公社制长期束缚的生产潜力充分释放了出来。改革开放后率先领导实施家庭联产承包责任制的安徽省委书记万里根据自己的调查研究，当时得出这样的结论：实行联产承包制后，单个农民的生产效率较之以往至少提高了 50%。

家庭联产承包责任制经实践检验无疑是一种好的制度，促进了生产效率的极大提升，获得了农民的衷心拥护。现实中大凡好的制度必然具备两个基本特征：有效、公平。就分粥故事而言，所谓有效，就是能方便快捷地实现分粥目的、解决吃饭问题。所谓公平，就是所分的粥，对每个人都没有差异，大伙都没有意见。像故事中的前三种分粥方法，或造成分粥有多有少不公平的结局，影响大伙的积极性；或效率不高，在一件极简单的事情上浪费太多的时间和精力；或给掌勺者以可乘之机，使其有以权谋私的机会。而唯有第四种方法，看似简单，实则既体现了公平，又提高了效率。

好的制度由何而来？在现实中，制度的选择是一系列利益主体交易或博弈的结果。纵观人类历史，实际上就是一个制度不断变迁发展的历史。一般说来，追求利益最大化的单个行为主体，总是力图在既定的制度约束下，谋求对自己最为有利的权利界定。一旦单个行为主体感到既定的制度束缚了他们的创造力，妨碍了他们利益最大化目标的实现，他们就会产生制度变迁的内在需求。如果制度的供给者政府，是一个顺从民意、善于听取意见的政府，就会对这种制度变迁需求做出迅速反应，生产提供新的顺合民意的制度。这时，制度供给的时滞很短，社会磨擦相对较小，从而以较低的代价实现制度转换。

比如故事中七个人组成的小团体，在尝试了几种制度后，终于找到了一种好的制度。一个重要前提，在于这是一个民主团体，他们对分粥中的不公平能够议论、表达不满，且对于如何改进能够发表意见、民主协商。试想这七个人的小团体如果是一个"一言堂"的组织，内部由领导者一个人说了算，掌握了绝对的权利，分粥者由他指定，不管粥分得多么不公平也不准提意见，谁胆敢提意见就会遭到打击报复。这样，富有激励作用且公平高效的制度就难以产生，整个组织也可能长期被锁定在一种僵化保守的状态中，忍受着低效率和停滞。

七人小团体中专权跋扈的领导者在现实中的放大版就是一个固步自封、容不得不同意见的政府。在制度变更需求得不到及时满足的情况下，制度外利益的巨大诱惑会激发单个行为主体冒着风险，进行"强行突围"。当这种"强行突围"行动扩展成为一种社会规模的普遍行为时，摆在政府面前的只有两种选择：一种是顺应时代发展趋势，承认既成事实，亡羊补牢，

通过政策法规的适应性修改使以往的"犯规"行为合法化，以妥协实现制度变迁。另外一种选择就是以高压专制手段逆历史潮流而动，坚决抵制镇压，这个时候老百姓就可能揭竿而起，砸碎旧的国家机器，以暴力革命的方式去实现制度变迁。在这种情况下，制度供给的时滞很长，社会磨擦相对较大，整个社会付出了较高代价。以上两种制度变迁方式比较，孰优孰劣，自在不言中。

众所周知，好的制度具有根本性、全局性、稳定性、长期性的特点，因而大力加强制度建设也是今天从源头上防治腐败的重要途径。腐败，一直是政治体制中难以切割的毒瘤。在封建社会，为了防止官员腐败，一些朝代实行高官厚禄外加严刑酷法，像明代朱元璋时期，一旦官员贪腐东窗事发，惩治甚至株连到九族，并设"皮庙场"专候，把贪官的皮剥下来，塞满稻草，作成标本，挂在他曾经为官的衙门殿堂上，以儆效尤。这种血腥惊悚场面的确产生过强大的震慑作用，但奇怪的是，时间一长，"前腐后继"现象依然蔓延，就如韭菜一般割了一茬又一茬，朱元璋最后也只能发出"为何朝杀暮又犯"的哀叹。现象背后的深层次原因就在于朱元璋没有也不可能从制度上去解决这个问题。

反腐败如果只反贪官，不改制度，其结果必然是：野火烧不尽，春风吹又生。曾几何时，我们寄希望通过加强教育改造人的思想灵魂，提升道德情操，促使官员个个做克己奉公的楷模。但纵观一些腐败案件中的"主人公"，有的纯粹是"两面人"，台上嘴说得比谁都好，台下手伸得比谁都长，最终成了

"思想上的巨人，行动上的矮子"。无数活生生的事实一再证明教育只是一种软约束，制度才真正具有刚性。一个社会秩序良性运行越是寄希望于个人美德，个人美德越是会加速丧失，因为美德已缺少所需要的制度保障。一种制度越不依赖于个人美德，相反越有利于更多地保存个人美德。这也正是邓小平所说的好的制度，能让坏人干不了坏事；不好的制度，会让好人变坏。

惩是为了治，治标更要治本。再轰轰烈烈的反腐运动，也只能治标；形成科学的权力结构的制度反腐，才能治本。2013年1月，习近平总书记一语中的地强调指出，要加强对权力运行的制约和监督，把权力关进制度的笼子里。因为权力具有天然的膨胀性和腐蚀性，只有将权力关进制度的笼子，将"笼子"扎牢扎紧，用制度监督、规范、约束、制衡权力，才能保证权力正确行使而不被滥用。

思路决定出路，通过近些年不断加大反腐倡廉的体制机制创新和制度建设，我国反腐败斗争取得压倒性胜利，党内政治生态焕然一新。反腐无止境，永远在路上。我们要循着制度建设治根本这一科学思路持续发力，坚持标本兼治、固本培元，着力构建不敢腐、不能腐、不想腐的有效机制，唯有如此，才能换来海晏河清、朗朗乾坤。

黑色的
十月

—— 泡沫经济

当今时代，随着金融市场的发展，股市涨落已经与普通老百姓的生活紧密联系在一起，它不再单单是一种企业融资的行为，更是无数股民体验悲喜人生的方式。在这个金钱唾手可得又可能转瞬即逝的地方，贪婪与恐惧被无限放大。当股市牛劲十足、疯狂飙升时，股民喜笑颜开；当股市像一头病熊，全线跌停时，股民心急如焚。冰火两重天是股市的常态，在股民沉浸于投资获利带来的幸福时，也应清醒地看到硬币的另外一面，那些股市曾经发生过的重大灾难，那些永难抹去的黑色记忆……

在西方国家经济运行的历史上，"黑色的十月"注定要在人们心目中留下难以磨灭的创伤。20世纪20年代，美国的经济热浪持续高涨，随之带来的是股市牛气冲天，钱似乎是蕴藏在地底下的石油，只要稍微挖掘便可源源不断地向外涌流。民众想要一夜暴富的激情被充分调动起来，入市炒股成为全民的投机行为。到了1928年，美国股市几近疯狂，在纽约的大街小巷，男男女女、老老少少见面后的共同语言只有一个，那就是股票交易。

当乘客乘坐出租车时，司机会和乘客一见如故地热情讨论股票行情，就连宾馆门口擦皮鞋的小童也会不失时机地向顾客介绍当天的热门股。在波士顿的工厂，所有的车间都安放有大黑板，并有专人每隔一小时就用粉笔写上交易所的最新行情。在得克萨斯州的大牧场上，牛仔们骑着马还竖着耳朵通过高音喇叭收听电台的消息，实时了解行情。股民口袋里钱不够了，就不断通过贷款增加股票的杠杆，甚至连股票经纪人都会主动给你借钱,股民们都笃定炒股一年的套利会远远高于贷款利息。在疯狂的投机热潮刺激下,纽约股市一涨再涨。

成千上万的人们无心正业,朝思暮想的就是股市投机,一夜暴富。但极端总是崩溃的开端,当人们的黄金梦正酣时,突然晴天一声霹雳响。1929 年 10 月 29 日,纽约股市股票指数创下当日下跌 12.82% 的历史纪录,以这个被称作"黑色星期二"的日子为开端,拉开了资本主义世界特大经济危机的序幕。成千上万的美国人眼睁睁地看着自己的财富面值一夜蒸发,大崩盘之后,民众信心坍塌,纷纷跑到银行去提现。接着,银行破产,工厂资金链断裂。由于美国在世界经济中占据着重要地位,其经济危机形成了"多米诺骨牌效应",引发了遍及整个资本主义世界的大萧条:5000 万人失业,无数人流离失所,上千亿美元财富付诸东流,生产停滞,百业凋零,美国乃至全球进入了长达 10 年的经济大萧条时期。1929 年 10 月发生在纽约的股灾,是美国历史上影响最大、危害最深的经济事件。对于这个黑色的梦魇,时至今日人们提起来还不寒而栗,为了这份难以忘却的记念,经济史上称其为"黑色的十月"。

经济史学家常说人类的"金融记忆"是短暂的,此话的确不假,类似"黑色的十月"事件并不是第一次发生,在此之前也屡屡上演过。今天的人们绝难想到世界经济发展史上第一起重大投机狂潮发生在 17 世纪 30 年代的荷兰,投机对象既不是股票、房地产,也不是荷兰油画,而是一种今人匪夷所思的花卉——郁金香。郁金香,一种百合科多年生草本植物,每逢初春乍暖还寒时,郁金香就含苞待放,花开呈杯状,漂亮异常。

1562 年，当第一车郁金香从君士坦丁堡运抵荷兰时，人们一下子被它亭亭玉立的独特外形吸引住了，欣赏和栽培郁金香不久成为时尚，并演变为投资风潮。特别是当变种郁金香栽种成功之后，稀有品种的郁金香球茎价格开始扶摇直上。人们竞相效仿，疯狂地抢购郁金香球茎，一枝以前一文不值的郁金香球茎巅峰时居然可换得一辆崭新的马车、两匹骏马和一套马鞍。

1636 年，阿姆斯特丹、鹿特丹等地的股票交易所全部开设了郁金香交易，世界各地的富人纷纷跑到荷兰去高价收购郁金香，一时间，郁金香迅速幻化成为时尚、身份、地位、财富的象征，令千万人为之疯狂。花价的上涨造就了一大批富翁和"倒爷"。而花价的每一次高涨都使更多的人坚信，这条发财之路能永远延伸下去，没钱的人不惜抵押房产借贷投资，巨额贷款不断堆积到小小的花茎上。但是，疯狂过后便是一地鸡毛。

　　不知从哪一天起，面对着须仰望才行的高昂价格，一些更聪明或更胆小的人感觉到了阳光背后的春寒，开始离席退场。这个迹象被人察觉后，抛售即刻变为恐慌，花价从悬崖上向下俯冲。巨富沦为乞丐，抵押房产者无家可归，成千上万的人在这个万劫不复的大崩溃中倾家荡产。随着这个泡沫一起破灭的，是无数荷兰人的发财梦，以及荷兰这个正在上升的帝国原本光明无限的国运。"郁金香现象"也成为经济活动中投机造成价格暴涨暴跌的代名词，永远载入世界经济发展史。

　　我们大概都见过小孩玩的一种吹泡泡球的游戏，蘸点肥皂水，轻轻一吹，凭空就出来一个五颜六色的大气泡，也的确好看，但在阳光的照射下一会儿就消失得无影无踪了。经济学中借喻的"泡沫经济"一词指的就是一种或一系列资产在经历一个连续的涨价过程后，其市场价格远远高于实际价值，最后经济过热、虚假膨胀，像肥皂水一样破灭的形象化说法。泡沫经济最典型的现实表现主要通过股票金融市场和房地产市场的暴

涨暴跌来直观反映。

　　在资产泡沫前期，人们耳闻资产价格上升带来的种种神话，目睹着身边人参与到炒作中的疯狂热情，出于对暴富者的羡慕嫉妒恨或对自身一夜暴富的急切渴望，自己也按捺不住参与投机的冲动。大家一窝蜂入场购买，实际上并不关心资产本身的状况和盈利能力，就是想通过坐地抬价牟取利润。在一浪高过一浪的投机热潮中，资产价格一步步上升，而这又更加强化了人们的投机冲动和亢奋情绪。在这种螺旋式的上升过程中，资产价格被抬高至远高于其内在价值的水平，金融风险由此不断累积，危机逐渐酝酿。而当外部的负面冲击到来或人们的预期改变后，资产价格从顶端开始下跌，人们的恐慌情绪开始上涨，纷纷抛售资产，而抛售进一步导致价格下跌，价格下跌又加重恐慌情绪。此时，危机正式登台亮相，人们远离风险的心境就像发生火灾时要争先恐后地逃离危险之地一样，只恨爹妈少生两条腿。所以泡沫经济实际是投机经济，除非人们不再贪

婪和恐惧，否则资产泡沫就永远可能产生。而一旦产生，早晚必将破裂。

在某种意义上，现代金融市场的出现不仅没有抑制和避免资产泡沫，反而增加了资产泡沫产生的可能。网络和新媒体的发达使得信息量不断增加，信息传播速度加快，从而加速了亢奋情绪和恐慌情绪的传染；市场经济中财富创造的"滚雪球效应"日渐突出，人们对发财致富的渴望愈发加重；新的金融工具被不断创造出来，可供人们投机的手段日益丰富、方式更加隐蔽，更容易使人们对外界危机麻痹松懈。这些因素都促进了金融市场的投机行为，使得金融系统内的风险更容易累积，也就有可能产生更多的金融危机。

历史总是惊人地相似。事实上，人们对郁金香之类的泡沫及其后果并非没有记忆，问题是，在下一次狂热出现时，大家看到一个风口猪都能飞起来，于是总会找到充分的理由来说服自己，"这一次真的同以前不一样"。所以，尽管今日世界的经济环境与过去完全不同，因特网和郁金香也不是一回事，但人类投机的"泡沫史"还是在不断地续写下去。其结果正如一首流行歌曲中唱到的那样："我已经看见一出悲剧正上演，剧终没有喜悦，我仍然躲在你的梦里面。"

最近的一出悲剧上演地是在美国。美国那些永远不甘寂寞的投机家们，在20世纪90年代推出了极具赌性的金融衍生产品，利用所谓的杠杆，放大金融交易的获利空间和风险。这种金融杠杆通俗地讲就是放大投资比例，以小博大。金融业内有这样一句话糙理不糙的俗话：超过五倍杠杆的配资都是要流氓。

而美国金融机构片面追逐利润过度扩张，用极小比例的自有资金通过大量负债实现规模扩张，杠杆倍数居然高达二三十甚至四五十倍。对于这些杠杆使用过度的金融机构来说，资产价格的上涨可以使它们轻松获得高额收益，而资产价格一旦下跌，亏损则会非常巨大，很容易就掉入万劫不复的深渊。

在美国金融衍生品及其杠杆的撬动下，资本市场的货币信用被无限放大，金融机构对房屋贷款人的资质条件无限放宽，买房居然可以零首付。这种做法令许多不具有还款能力的贫困家庭抱着"不买白不买"的心态买房，久而久之带来了货币信用供给与支付能力间的巨大缺口。一旦经济有异动，就会出现大量购房失业者不能按期还贷的危机，剩下的就是秋风扫落叶般的连锁反应，资本市场价格全面崩溃，并冲击金融体系和经济的方方面面，全社会开始恐慌。而且现实中信用扩张越是激进，金融危机越是惨烈。这也是2008年美国金融危机愈演愈烈，最后波及全世界的根本原因。

唐朝诗人杜牧在《阿房宫赋》中曾有这样的感叹："秦人不暇自哀，而后人哀之。后人哀之，而不鉴之，亦使后人而复哀后人也。""后人复哀后人"，这样重复的历史悲剧，给社会、给世人带来了太多不堪的痛苦。

要知道泡沫经济对经济健康发展带来的后遗症太大了，它所造成的虚假繁荣，会扭曲资源配置，降低资源配置的效率，影响国民经济的平衡运行，破坏国民经济的结构和比例，泡沫经济最终有破灭的一天。一旦泡沫破灭，在泡沫形成过程中发生的债权债务关系就难以理顺，从而形成信用危机，影响金融系统的运行，将给国民经济的正常运行带来相当大的冲击和危害；泡沫经济还会助长投机行为，并导致贫富两极分化。尤其是对股票或房地产的狂热投机行为，会打击实业投资者的积极性，我辛辛苦苦开工办厂，一年忙下来赚的利润不如你一夜投机赚取的多，这让人情何以堪，于是，整个社会的"脱实向虚"行为就成为一股热潮，大家都热衷去赚热钱快钱，最后制造出一种严重背离实体经济发展的虚假繁荣。要知道实体经济是一国经济的立身之本，是国家财富的重要来源，泡沫经济的虚假繁荣会挤占实体经济的资金供给，导致企业的"失血"和萎缩，最终影响一国经济的发展基础和发展后劲。

泡沫经济的教训也警示我们：当一种资源、一种行业超乎寻常地升值、赚钱，就会跟着带来投资热、投机热，这个时候背负宏观管理和调控职能的政府要高度警惕，密切关注市场动态，及时分析判断市场动向，并未雨绸缪地提出相应的对策。在紧要关头政府若是反应迟钝，事到临头"大撒把"，任由经济过热，等到问题"亚历山大"时再想平抑下来，会徒然增加许多不必要的社会成本。

鲇鱼
效应

—— 竞争机制

很久以前，在挪威的一个小镇，人们靠捕鱼为生。小镇紧靠着大海，因出产沙丁鱼而小有名气。在那里，渔船归航抵港时，只要沙丁鱼是活着的，一定会被抢购一空，卖个好价钱。活的沙丁鱼，吃起来味道鲜美极了。遗憾的是，由于每次出海的时间比较长，少则两三天，多则六七天，等到归来时，发现沙丁鱼死的死、烂的烂。也正因为如此，活着的沙丁鱼才格外让人垂涎三尺。人们想尽招儿，尝试让沙丁鱼存活，但是苦无良计。后来渔民无意中想出一个法子，将几条沙丁鱼的天敌鲇鱼放在运输容器里。放进鱼槽后，鲇鱼便会四处游动觅食。为了躲避天敌的攻击，沙丁鱼自然左冲右突，四处逃窜，加速游动，从而保持了旺盛的生命力。如此一来，沙丁鱼就一条条活蹦乱跳地回到渔港。沙丁鱼在"和平环境"下惰性十足，但是在逆境中却充满了活力，这在经济学上被称作"鲇鱼效应"。

同样的道理，国外一家森林公园曾养殖几百只梅花鹿，公园环境幽静，水草丰美，又没有天敌，梅花鹿的日子过得太养尊处优了。但是，几年以后，鹿群非但没有发展，反而病的病、死的死，竟然出现了负增长。后来工作人员买回几只狼放养在公园里，在狼的追赶捕食下，鹿群只得紧张地奔跑逃命。这样一来，除了那些老弱病残者被狼捕食外，其他鹿的体质日益增强，数量也迅速增加。

鲇鱼效应启示我们，开放的市场需要竞争，"独步天下"、垄断和寡头只会导致效率的相对下降、品质的相对降低、进化的相对停滞。鱼仓里面放入凶猛的鲇鱼，尽管有些沙丁鱼被毫不留情地消灭，但实际上，那些更加充满生命力并活下来的沙丁鱼才显得更有价值，这也是物竞天择的结果。在市场竞争中要想摆脱被鲇鱼吞没的命运，只有一种选择，那就是积极应对，奋力一搏，通过学习对手、研究对手，直至瞄准对手、超越对手。

竞争曾经离中国人那么遥远，在计划经济年代里，多年沿袭的"大锅饭"制度让每个人干好干坏所获报酬都一个样。于是上有政策，下有对策，3个人的活5个人干，上班时间打打牌，聊聊天，一杯茶，一包烟，一张报纸看半天，人浮于事，效率低下。当年美国《纽约时报》对此有一段精辟的文字评论："假如你没有过高的奢望，又没有政治问题，那么，你在中国的生活将是很舒适的，就像生活在传送带上一样。什么东西都为你准备了，你用不着担心，也没有什么压力要你匆忙行事。"当时的一项调查数据表明，我国国营企业真正的有效工时仅占工作时间的40%左右，绝大多数时间都在无效的消耗中白白浪费了。

但是时代发展到今天，在波涛汹涌的市场经济大潮中，中国的企业，无论是大还是小，发现再也不能那样过，再也不能那样活了。因为现实所面对的是一个充满了"鲇鱼杀手"的世界。可以这么说，现在市场已经找不到一块新的领域、哪怕是一个极为细分的领域，没有众多虎视眈眈的竞争者了。在各个领域都能看到类似现象，利润随着市场供过于求而在减少，生产能力急剧膨胀导致产品滞销加剧，企业始终在生与死的边缘"痛并快乐着"。

市场竞争本质上是一场不流血的战争。市场经济遵循优胜劣汰、适者生存的信条，通过弱肉强食般的市场竞争，一些企业站上了浪潮之巅，成为规则的制定者、行业的风向标，而有的企业迅速垮掉，被淘汰出局。统计数字表明：在过去的二十年里，世界《财富》杂志评选出的全球500强企业，平均寿命还不到50年，而那些存活下来的幸运者中，至少有45%每十年会遭遇一次毁灭性的打击。国内市场竞争的趋势也大致如此，昨天你还是行业老大，明天可能就要被扫地出门。

2020年9月，"一代鞋王"达芙妮宣布彻底退出实体零售！曾几何时，达芙妮还是年轻一代眼中的"鞋王"。从1995年上市，发展到2012年的巅峰时期。最火热的时候，全国各大中小城市几乎每条商业街都会有一家达芙妮，在国内的市场占有率曾经接近20%，这意味着在中国每5双女鞋中就有一双来自达芙妮，达芙妮也因此一度被誉为中国最成功的女鞋品牌之一。曾经如此辉煌，如今却以这样的方式落魄收场，不能不让人格外惋惜与深思。

达芙妮衰落的根本原因在于缺乏自我革新的能力和勇气，产品因循守旧，没有紧紧跟上潮流，最后逐渐脱离了消费者的审美而被市场抛弃。市场竞争的现实就是这么残酷，不管你以前站得多高、多么风光，如果不能与时俱进，等待的就只有被淘汰的命运。

诺基亚，曾经的手机行业世界龙头老大，当年它火遍全球，其他手机品牌难以望其项背。诺基亚2006年在全球手机市场占据了36.2%的份额，就是说每三部手机当中就有一部是诺基亚的，目前，全球销量最多的一个手机型号仍由诺基亚保持。2007年，当乔布斯推出世界第一款智能手机，让全世界知道了"手机应该做成这样"时，并没有引起诺基亚高层的重视，他们仍然陶醉在坐第一把交椅唯我独尊的美好世界中。后来，诺基亚的质量依然首屈一指，但苹果却以全新的理念重新定义了手机市场。有人说两者的区别是：诺基亚的用意是生产一款带有娱乐功能的通信设备，而苹果则着眼于生产一款带有通信功能的娱乐设备。市场定位的逻辑颠覆，带来了这两者市场份额的颠覆性变化。现在的诺基亚几乎销声匿迹，而苹果却已经成长为世界市值最高的公司，正如许多人所说，有时候你什么也没做错，只是因为你老了。

手机在诞生之初，仅仅只是一个通信工具，功能主要就是接打电话。然而发展到现在，健康码、公交卡、点外卖、买衣服、看视频……越来越多的活动在线上进行，智能手机给如今的消费者带来了莫大的便利与满足。但即使这样，世界手机产品和技术的发展却未有停止的迹象。折叠屏、5G、三摄等新技术，仍在扩展创新的边界，未来的智能手机行业，会继续因手机厂商之间的竞争，实现技术上的组合升级，给人们带来更大的想象空间。

也许你会为那些曾经辉煌一时而又如流星般掠过的企业扼腕叹息，但也正是在这种"丛林规则"的自然选择中，企业自身得到了锤炼壮大；整个市场上相关产品和服务的价格得到了降低，为经济的持续发展提供了一个低成本的平台；竞争还通过"无形之手"的作用，达到了调整产业格局、合理配置社会资源的目的。这才是市场经济的魅力和活力所在。

《周易》有云："穷则变，变则通，通则久。"意思是说：穷途末路之时，必然要懂得变革与创新，这样才能够通达，获得长久的发展。不断革新，才是硬道理。作为企业，想在激烈竞争中杀出重围开辟新天地，就必须时刻要有未雨绸缪的精神和壮士断腕、革故鼎新的勇气。

有这样一个真实的传奇故事：1987 年，深圳成立了一家

小公司，主要业务是用户交换机的销售和代理。可是，公司经营还不到3年，在香港的主公司就收回了代理权。一夜之间，这家小小的互联网公司，就走到了破产倒闭的生死关头。痛定思痛之后，公司负责人作出了一个惊人的决定：拿出3年来的所有利润，全部用作自主开发，打造属于自己的交换机品牌！其中的风险，甚至不亚于一场豪赌，赌输了，意味着从市场彻底消失！而这家小公司，居然赌赢了！3年之后，它成功于发出了自己的程控交换机，拥有了独创的核心技术！这场革新，使这家公司走出了困境，迅速实现了扭亏为盈，这家小公司的名字，今天已是如雷贯耳，它的名字叫作华为。

　　华为始终居安思危，不断学习，不断革新，1998年华为引入IBM最先进的研发管理体系，将土法作战的华为推上现代管理制度的轨道。面对内部阻力，任正非在动员誓师大会上拍着桌子喊到："谁要抵触变革，谁就得离开华为！"先进管理体系加上持久的高强度研发投入，使华为已经从当年那个籍

籍无名的小公司，成为了全球通信行业的领导者。而不断创新、勇于变革的精神，也融入了华为的血脉与基因。核心技术的不断创新，才有了华为从 3G 到 4G，再到如今领先全球的 5G 技术；人才体制的不断创新，才有了高效的人才激励机制和年薪百万的"天才少年"。

创新和活力是优秀文化的核心，是名牌企业、百年老店的致胜法宝。有机体的衰老都源自新陈代谢的变缓，细胞缺乏了活力。作为市场主体的企业，是一个不断与外界环境进行能量交换的有机体，新陈代谢的快慢，直接影响到组织的活力和生命力。企业一定要具有危机意识，建立优胜劣汰的组织运作系统，不断变革，变压力为动力。没有活力，企业内部就会形成可怕的惰性，就会形成安于现状、害怕变革和不敢冒险的不良文化，失去不断进取的勇气和动力，进而导致组织功能的退化和衰老，行动缓慢，思维僵化，最终被环境淘汰。

在过去 200 年间，人类创造的财富超过了以往任何时代的总和，最重要的原因就是创新。从工业革命开始时发明的蒸汽机，到后来的铁路、电力、内燃机、计算机、核能，再到今天的移动技术、互联网技术都是拜科技创新所赐。创新始终是推动整个社会向前发展的重要力量，它极大地改变着人们的生产生活面貌。外卖兴起，方便面被干趴下了；滴滴兴起，出租车行业被碾压；微信兴起，你看看还有多少人用手机计费的模式发短信打电话？

移动互联网时代，对企业来说既是最坏的时代，也是最好的时代。大凡市场上一个新的产品、新的服务出现，往往意味着一个企业的崛起和另一个企业的没落，也意味着一个新的王者归来。面对当今市场革命性创新、毁灭性创新、颠覆性创新的趋势，企业只有未雨绸缪、思路前瞻，不断地引进新技术、新工艺、新设备、新管理观念，才能在市场大潮中搏击风浪，增强生存能力和适应能力。同时还要不断补充新鲜血液，把那些富有朝气、思维敏捷的年轻生力军引入职工队伍甚至管理层中，给那些固步自封、因循守旧的懒惰员工带来竞争压力，唤起"沙丁鱼"们的生存意识和竞争求胜之心。

"问渠哪得清如许？为有源头活水来"，流水不腐，户枢不蠹，竞争才能充满活力。企业如此，职场如此，个人亦如此。

人的潜能是无限的，只有合理地开发和引导，才能逐步释放出来。一个人，想要赢，就必须有不断完善自我的品格和敢于走在时代前列的魄力。这个时代，充满着变化，也充满着不确定性。正如有句话所说：时代抛下你，从来不打一声招呼。不管你曾经是多么声名显赫，多么辉煌风光，只要你安于现状，回避变化，注定要被时代抛弃。你只有努力奔跑，不断提高自己的技能，增强自己的硬实力，才能在时代的洪流中屹立不倒。否则别真的等到被社会抛弃那天，你还抱怨别人连句再见都懒得和你说。

哲人尼采说过，"每一个不曾起舞的日子，都是对生命的辜负。"愿你我有终身成长的毅力，自我革新的勇气，敢为人先的魄力，迎风而上，随风起舞。

劣币
驱逐良币

—— 诚信危机

　　"劣币驱逐良币"是经济学中一个古老的定律，它是对这样一种历史现象的归纳：在很长的历史发展时期，人们在市场交易活动中使用的货币是用金属铸造的铸币。铸币与我们今天使用的纸币不同，铸币本身就有价值，它本身所采用的金属是其价值的直接体现，其面值的基础就是其重量和成色。不过铸币在市场流通中会出现两个问题：一是在铸造的过程中不可能保证每一个铸币都有一样的重量和成色；二是在长久的使用过程中，每一个铸币都会出现不同程度的磨损，从而导致其重量的减少。因此，同样面值的铸币，其实际价值是有所差别的。

　　在铸币流通时代，随着流通时间的推移，人们都想着把"好的钱"（良币）留在自己手里，把"差的钱"（劣币）拿出去花掉。这样，市场上流通的慢慢地都变成差的钱了，于是劣币驱逐良币的现象产生了。这一现象最早被 16 世纪英国财改大臣格雷欣所发现，故也称为"格雷欣现象"。"劣币驱逐良币"的现象一脉相传，不仅在铸币流通时代有，在后来的纸币流通中照样存在。比如平时大家都会把自己手上肮脏、破损的纸币或者不方便存放的镍币尽快花出去，而留下整齐、干净的货币。

　　劣币驱逐良币现象发端于货币流通过程中，但若细心观察，你就会发现社会生活的方方面面实则都存在着类似现象。譬如说，平日乘公共汽车或地铁上下班，规矩排队者总是被挤得东倒西歪，几趟车也上不去，而不守秩序的人倒常常能够捷足先登，争得座位或抢得时间。最后遵守秩序排队上车的人越来越少，车辆一来，众人都争先恐后，搞得每次乘车如同打仗，苦不堪言。再比如，在有些大锅饭盛行的单位，无论水平高低、努力与否、业绩如何，所获得的待遇和奖励没什么差别，时间长了，年纪轻、能力强、水平高的不堪忍受，就都另谋高就去了，剩下的则是老弱残兵、平庸之辈。

著名作家郑渊洁写过一篇童话故事《一斤沙》，两个卖米的商贩，一个诚实经营正常售卖，一个往里掺沙子，价格卖得便宜。结果呢，大家蜂拥抢购掺沙子的商贩家的米。百般无奈之下，那个坚守自己底线、不想弄虚作假的商贩索性在摊位上将米和沙子单分出来，并且明白地告诉顾客，他也可以便宜卖，不过由于自己没有把沙子掺进米里，所以买他十斤米，只能是九斤米搭一斤沙。这个故事听起来很夸张，但也能看出，一个歪风邪气盛行的社会把希望恪守诚信的人逼到了什么地步。

劣币驱逐良币现象最终会导致社会资源配置失当和社会效率低下，其本质是一种"逆淘汰"现象。所谓"逆淘汰"，就是坏的淘汰好的，劣质的淘汰优胜的，小人淘汰君子，平庸淘汰杰出等。劣币驱逐良币规律，不仅是一条经济学的著名定律，而且今天已延伸成为一种社会流行比喻，用于形容一切劣质品淘汰了优质品的情形。

众所周知，市场经济是信用经济，信用缺失现象的通行，必将导致"格雷欣法则"横行无忌——失信者驱逐守信者，失信者得利，守信者遭殃，最终破坏社会生活和社会秩序的正常运行，贻害无穷。具体表现为：一是破坏市场经济的正常运转。在市场经济建设中，诚信是最为稀缺和最不可或缺的道德资源，是市场经济运行的基石。市场经济是以等价交换为基本特征的，交易的双方必须恪守信用，才能形成互惠互利的经济关系，整

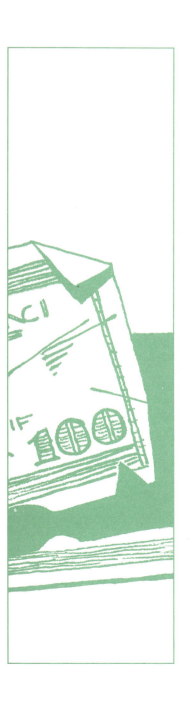

个交易才能顺利完成。而经济交往活动中诚信的大量缺失，必然会造成交易双方的相互猜疑，增加交易的成本，迫使经济交往活动萎缩甚至夭折。有一幅漫画这样描述市场的消费者：一位上街购物者，手中拿计算器，怀揣伪钞鉴别仪，腰挂弹簧秤，背上背了台显微镜，任如此"全副武装"，走进市场仍然是战战兢兢，不知哪儿是陷阱。漫画难免夸张，但实则就是现实生活的缩影。这些年，作为普通消费者，我们难保自己一不小心就没有吃过粤利粤，喝过王老菊，用过蓝日月亮、篮月亮……消费者要想对所购商品的真伪优劣做准确鉴别，只得祈求"借我一双慧眼吧"。

二是败坏社会风气。报上曾登过这样一条新闻，江苏某县小学旁边的一家小卖部居然向学生出售奖状，2元一张，并提供代写服务，想要什么名目的奖励都可以。这个馊点子一出，顿时吸引了众多学生争相购买。小卖部店主声称，买回去可以忽悠家长，要压岁钱，反正他们什么都不知道。此事曝光后，网上顿时议论开了，有人认为，买张 2 元的奖状只是小事一桩，没有必要大惊小怪。但是，更多网友认为，此事不能一笑了之，必须严肃对待，因为它牵涉到诚信教育问题，不及时加以制止的话，会让孩子们误以为学习成绩和荣誉是可以通过金钱购买得到的，这对正在一张白纸上培塑人生观、价值观的他们来说绝对是个误导，同时，这对于真正通过认真学习取得奖状的孩子来说也是不公平的。现在个人诚信缺失已渗透到社会生活的方方面面，如说假话、假文凭、假证件、假发票、考试作弊、偷逃税款、骗取保险、虚假广告、假球黑哨、假医假药等，不一而足。这些形式不断翻新的诚信缺失行为，严重损害基层老百姓的切身利益，破坏整个市场经济秩序，扭曲了人与人之间的真诚关系。

对人以诚信，人不欺我；对事以诚信，事无不成。一个"信"字，贯穿了中国上下五千年的历史。我国传统文化中实际上并

不缺乏诚信传统，历史上有许多强调诚信的圣人之言和民间俗语，孔子所说的"民无信不立""言必信，行必果"自古以来被视为做人的美德。历史上的晋商、徽商的诚信享誉天下，就在于良好的信用文化是其扬帆四海的治业之本。但遗憾的是今天传统信用文化没有得到发扬光大，相反失信事件却屡屡上演，并一再突破人们心理的道德底线。究其主要原因：

其一在于社会规范还不成熟，相关制度安排不尽合理。我们常讲西方国家的诚信水平比较高，这并不是说他们天生多么自律，而是与整个社会采用越来越发达的信息技术密切相关。现代信息技术在为人们提供舒适方便的同时，也像一双无形的眼睛，从各个角落监督着消费者的信用行为，整个社会范围内已经形成了"一处失信、处处受限"的良好态势，这迫使人们越来越关注自己的信誉程度，进而提高着整个社会的诚信水平。比较而言，我国信用制度建设刚刚起步，整个经济体制、金融法治还不健全，本身还有疏漏，容易被欺诈和非诚信者钻空子。

其二是对失信行为惩罚不严厉，守信行为收益不明显。企业或个人都是经济人，每做出某种行为时都会下意识进行成本和收益的比较。一般来讲，当行为人预期失信所带来的收益大于守信的收益，就会选择不诚信行为。故而对失信者不重罚，使失信者付出的成本小于失信的收益，即失信有利可图，企业或者个人就会有一种失信倾向，以致出现劣币驱逐良币、李鬼打败李逵的现象。

比如这两年高铁霸座事件频繁曝光，从"霸座男"到"霸座女"再到"霸座婶"，形形色色，无奇不有。这就奇怪了，对号入座天经地义，何以今天反倒成为了一个问题呢？这里面不排除部分人素质不高，他们把别人的文明当成了懦弱。另一个重要原因就是有关部门对这类事件的处置失之于宽，刚开始时对其进行劝说，劝说无效后只能听之任之，再后来类似的事件在网上发酵引起关注，追加的惩罚也就是罚款200元，180天不得坐高铁。由此可见，"座霸"不断涌现，根源就在于违法成本太低，不仅没有起到以儆效尤的震慑作用，反而可能引导无赖者跟风"学习"，把执法的柔软当成了纵容。类似霸座的行为必须得到坚决制止和从严惩处，否则，"无赖者无畏"的风气蔓延开来，必将形成社会不良风气，破坏社会公共秩序。

建设诚信社会，必须加大对失信行为的制裁和惩处力度，让社会交易主体的失信行为无利可图，同时还要尽快建设覆盖全社会的征信系统，着力解决社会主体的信用记录缺失等基础性问题。

现实生活中曾发生过这样一个故事，值得我们深思。在德国，一些城市的公共交通售票系统是自助的，也就是你想到哪个地方，根据目的地自行买票。没有检票员，甚至连随机性的抽查都非常少。一位中国留学生发现了这个管理上的漏洞，于是，很庆幸自己可以不用买票而坐车到处溜达，在几年的留学生活中，他一共只因逃票被抓住过3次。

毕业后，他试图在当地寻找工作。他向许多跨国公司投了自己的资料，虽然这些公司都在积极地开发亚太市场，可是他都被拒绝了。一次次的失败，使他愤怒。他认定这些公司有种族歧视的倾向，排斥中国人。最后一次，他忍无可忍地冲进了人力资源部经理的办公室，要求经理对于不予录用他给出一个让人信服的理由。

下面的一段对话很令人玩味。

经理："先生，我们并不是歧视你，相反，我们很重视你。因为公司一直在开发中国市场，我们需要一些优秀的本土人才来协助我们完成这个工作。所以你一来求职的时候，我们对你的教育背景和学术水平很感兴趣，老实说，在工作能力上，你就是我们所要找的人。"

留学生："那为什么要拒绝我？"

经理："因为我们查了你的信用记录，发现你有3次乘公车逃票被处罚的记录。"

留学生："我不否认这个。但谁会相信，你们就因为这点小事而放弃一个自己急需的人才？"

经理："小事？我们并不认为这是小事。我们注意到，第一次逃票是在你来到这里后的第一个星期，这可能还只是你不熟悉自助售票系统。但在这之后，你又有两次逃票。"

留学生："那时刚好我口袋中没有零钱。"

经理："不，先生，我不同意你的这种解释，你在怀疑我的智商。我相信在被查获前，你可能有数百次逃票的经历。"

留学生："那也罪不至死吧？干嘛那么较真？我以后改还不行？"

经理："不，先生。此事证明了两点：第一，你不尊重规则，不仅如此，你还善于发现规则中的漏洞并恶意使用；第二，你不值得信任，我们公司的许多工作是必须依靠信任进行的，如果你负责了某个地区的市场开发，公司将赋予你许多职权。为了节约成本，我们没有办法设置复杂的监督机构，正如我们的公共交通系统一样。所以我们没有办法雇用你，可以确切地说，在这个国家甚至整个欧盟，你可能都找不到雇用你的公司，因为没人会冒这个险的。"

在德国抽查逃票一般被查到的概率是万分之三，这位留学生居然被抓住 3 次逃票，在严谨的德国人看来，这是永远都不可饶恕的。

这个案例告诉我们，信用，既是一种道德品质，也是一种制度规范。个人信用的建立、社会风尚的形成，道德的自觉自律固然重要，制度的建设才是根本。这个社会不但应该有舆论，而且应该建立起一个完善的制度体系，要不断扎牢制度的笼子，让诚信者得利，失信者受惩，使诚实守信成为每个公民自觉遵照的价值标准。

羊群
效应
—— 从众跟风心理

羊群是一种很散乱的组织，平时聚在一起总是盲目地左冲右撞，杂乱无序。但一旦头羊动起来，其他的羊也会不假思索地一哄而上，全然不顾头羊要去哪里，那个地方是否有危险。有人曾做过试验，在一群羊前面横放一根木棍，第一只羊跳了过去，第二只、第三只也会跟着跳过去。这时，把那根棍子撤走，后面的羊走到这里，仍然会像前面的羊一样，不假思索地向上跳一下，尽管拦路的棍子已经不在了，这种现象就是所谓的"羊群效应"。

经济学里经常用羊群效应来描述经济个体的从众跟风心理，即当个体受到群体的影响时，会怀疑并改变自己的观点、判断和行为，并朝着与群体大多数人一致的方向变化。这也就是我们平时所说的随大流，别人干什么，我也干什么。之所以放弃自己的个性去随大流，是因为我们每个人不可能对任何事情都了解得一清二楚，对于那些不太了解、没把握的事情，往往就跟着大众选择。因为害怕承担错误后果，所以总相信大多数人的选择是对的，试图从集体中寻找"安全感"。这其实是人的一种天性，不管是在生活还是工作中，我们都会受从众心理的驱使，习惯服从大多数，妥协于大多数。

比如，我们平时去饭店吃饭，经常会见到这种情况：一家饭店非常火爆，座无虚席，旁边的另一家却门可罗雀，冷冷清清。之所以有迥然不同的两重光景，抛开服务、菜式、性价比等因素，有一个很重要的原因就是从众心理。

毕竟不是所有人都去过这两家饭店吃饭，第一次去的人怎么选择呢？冷静目测观察，一家没人去，直觉判断这家店不行，不然怎么会没有客人。另一家人挺多，OK，肯定好，非这家店莫属，在时间允许的情况下，很多人宁愿等上一会儿，也要在这家吃。这就是初来乍到的顾客在现场的心理活动。

随着时代的变迁和互联网技术的蓬勃发展，网购已经成为消费者生活的一部分。网购虽好，但消费者若没有线下的亲身体验，就很难证明一件商品好与坏，此时买家评价便至关重要了。你点击网站链接进去，一般第一时间不是看产品的详细介绍，而是先去看评论。好评率怎么样，其他客户评价怎么样，晒出来的买家秀怎么样。这些评论符合了你的心理预期，你才会返回去看详细的产品图文介绍。

现在网红直播带货很火，网红带货俨然成为了一种新的商业模式。随着主播"3、2、1"上货倒数结束，几万件商品瞬间售罄。观看直播的网友很难抵抗这种大规模群体一致行动的诱惑，消费冲动被激发。这么多人都在买，我也要买，感觉不下单，自己就是没有融入群体当中，会被群体"遗弃"。

日常生活中由于大家总是无可避免地随大流，抱团取暖，所以在经济活动中，精明的商家便紧紧抓住人们的这种从众心理，挖空心思地设计出了种种套路，以此激发消费者的购买欲。

制造热销的现场感，是常见的方法。新开张的饭店，没有人流，没有名气，怎么办？饭店会请一堆托儿来排队烘托气氛。很多路人一看此场景，不自觉地也加入到排队行列中。这个套路可比发传单什么的有效多了，很容易积攒超高人气，形成"越排队越有人吃，越有人吃越排队"的良性循环。现在雇人排队充场面，在餐饮界已是心照不宣的"潜规则"，由于此法屡试不爽，有稳定的市场需求，雇人排队这项业务现已发展出一条完整的产业链，居然有专门的公司负责打理。

网店如何招揽顾客呢？刷单，刷好评！严重地自我表扬，虽然网店点评造假是人尽皆知的公开秘密，但是依然改变不了你购物的习惯性思维，先看评论、好评率、晒图，再看产品介绍。

微商则是天天晒订单成交截图，晒打包好的快递图，晒零钱的入账记录。且不管这些是真是假，但他们长期坚持这么做，就是认识到羊群效应的作用机理，滴水穿石日久天长，我就不信这么一种火爆氛围感染不了尚在入场门槛上犹豫的你。

商家营造并炒作热销假象，往往弄假成真，最后会造成真正的热销结果。当然上述方法只是权宜之计，真正想在市场上坐稳江山还得通过打造品牌来深入人心。品牌效应有多重要？做个简单对比你就知道了！老冰棍 1 元一根，也没影响哈根达斯冰淇淋 40 元一个；夏利汽

车3万元一台，也没有影响宝马汽车上百万元售价；地摊包包几十元一个，也没有影响 LV 包以上万元的价格销售，好的品牌能够存活下来，绝对不是因为价格，更不是因为折扣，而是品质、价值和被需要！这就是品牌效应！

品牌是商品市场的通行证，一个以高质量为基础的品牌，一旦被人们认可，将为企业的发展壮大提供长久可靠的保障。我们去市场买东西时，总是先入为主，常常会把目光集中在具有一定知名度的品牌产品上，认为品牌产品一般会比那些不知名的产品质量好，为此哪怕是多花上一些钱也在所不惜。

品牌就是生产力，就是竞争力。品牌使消费者判断产品的质量更加容易，也使企业有保持自己品牌声誉的动力。为了让品牌家喻户晓，如今的企业都不惜花重金做广告，在现代经济生活中，要想没有广告的轰炸就度过普通的一天几乎是不可能的。只要你上网、看电视或者走在马路上，不管愿不愿意，铺天盖地的广告都会向你推送各种产品在质量、价格、销量等多方面的信息，通过潜移默化的熏陶来强化你的记忆，激发你的购买欲望。

如拼多多的主打广告语是"3亿人都在拼的购物 App"，这句广告语让消费者产生了一种"这么多人都在使用的购物 App，那产品应该还不错"的心理暗示，从而引起大众关注，达到了宣传与营销的目的。同理，香飘飘奶茶的"连续六年全国销量领先，一年卖出十亿杯，杯子连起来可绕地球两圈"的广告语也是运用了从众心理。通过"地毯式轰炸"般地投放广告，香飘飘成功地霸占了人们的视野，已经成为了家喻户晓的奶茶品牌。

在广告大战中，企业还善于巧用名人效应来实现意图。所谓名人效应是指名人在某个地方出现后所造成的引人注意、强化关注、扩大影响的效应。这种效应的出现，是人们对名人的信任、钦佩、崇拜等积极的情感导致的。他们往往认为名人关注的、参与的事情肯定是有价值的、有利益的，所以争相效仿。

通过名人作广告宣传并不是什么新鲜手段，自古有之，比如我们所熟知的伯乐相马的故事。古时候，有一个人想要把自己的马卖出去，可是一连三天都没有人过问。于是，他就去见相马专家伯乐，以重金请求伯乐在市场上围着他的马转上几圈，外加离开时再回头看上一眼。伯乐同意了他的请求，真的到市场上按事先约定完成规定动作，结果伯乐刚一离开，那匹马的价格就立刻暴涨了 10 倍。

在全媒体时代的今天，名人效应的应用更是得到发扬光大。在莫言获诺贝尔文学奖之前，北京某工程师随意花费

1000 元，注册了"莫言醉"白酒商标，随后因莫言获奖，这个之前不被人关注的商标被多位酒商争抢，据传一下飙升至 1000 万元，可谓是真正的"一本万利"。名人效应最典型的表现形式就是大打名人广告，具体来说就是商家花大价钱找名人为自己的产品做代言人，其优势在于非常可观的带货直达力和影响人群的购买力，能够对公众产生强大的引导作用。这种营销手段就是充分运用了粉丝与偶像之间微妙的"爱屋及乌"关系，像成龙代言霸王洗发水、韩寒代言凡客都给他们所代言的产品带来了较高的关注度，也提升了产品的销量。

　　羊群效应告诉我们，很多时候，跟着别人的脚步走，确实可以让我们少走很多的弯路，所以在现实生活中跟风其实并非一个完全不可取的行为。但是凡事都有个度，过犹不及。从众心理过了就容易导致盲从，而盲从往往会陷入骗局或遭到失败，我们要力戒那种没有自己思考和判断的盲目跟风。

　　2003 年的非典时期，中国中医学院院长声称 8 种中成药

对治疗非典有效，经媒体报道后，引发了全国哄抢板蓝根的狂潮。因为中成药中板蓝根最常见，最亲民，老百姓也最熟悉。日常只要是呼吸类的疾病，管你有用没用，先来一包板蓝根总是没错的。板蓝根由此一夜封神，最后演绎成能治百病、能抗击非典病毒的神药，遭到全国人民的哄抢。当时中国第一大板蓝根颗粒生产厂家、广州某药厂门前购药的队伍足足排了 3 公里。事情闹大后，不得不请钟南山院士出面澄清：在病毒基本情况还没有搞清的时候，不建议盲目服用板蓝根。

另外一个"双黄连闹剧"则是不久前发生的事情，在 2020 年新冠肺炎刚开始蔓延、人心恐慌之际，某研究所突然对外发布了双黄连可防治新冠肺炎的惊天好消息，短短 10 分钟之内，所有网上的双黄连口服液瞬间断货。此时在网上，别说双黄连口服液，连名字沾边的双黄莲蓉月饼都脱销了，到最后，连兽用双黄连，都开始被抢购。有幸抢到双黄连的人，一人干一瓶，就像土豪聚会一样，心理上得到了极大的满足和宽慰。双黄连事件闹大后，又是钟南山院士出面，说新型冠状病毒暂时无特效药，抢购一事这才告一段落。

疫情危急之下，环球同此凉热。双黄连在国内遭热抢的同时，世界各地人民也如出一辙，不时爆出一些异曲同工的举动。印度的喝牛尿、洗牛粪澡，伊朗的舌头舔栏杆，日本的抢购花岗岩与纳豆，俄罗斯车臣的聚众吃野韭菜等也都上了热搜榜。这些夺人眼球的新闻一出，国内的双黄连等疗法，也终于少了几分孤独。

许多时候，并不是谚语说的那样——"群众的眼睛是雪亮的"。消费者的消费行为很多时候会受到别人的影响，情急之下，他们往往失去自己的独立判断，而盲目跟从大众消费。但无论什么时候，思考和判断始终是前提，做任何事都是如此。在信息不确定的情况下，我们在作出一项决定前，可以先参考其他人的做法，但一定要多听多学，注意收集信息并敏锐地加以判断，不人云亦云，不随波逐流，这是让人们减少盲从、增加更多理性行为的最好方法。

举一个简单的例子，在网上如果看到一个产品有好几十万的销售量，价格特别便宜又将质量描述得特别好，就不要抱着贪图便宜的心理盲目购买这个商品，因为一件商品特别便宜又特别好的话，是不太符合市场逻辑的。在竞争激烈、价格透明的今天，价格取决于产品的真实价值。你花几元钱，能买包子；花几十元可买肯德基的汉堡，花几百元就能进威尼斯餐厅吃个牛排西餐。如果你在乎的是质量，就请尊重产品的价格；如果你想要的是便宜，就不要去琢磨只花几元吃个西餐的好事。"一分钱一分货"，道理亘古不变，再诱人的语言没有质量保证就是谎言！只有消费者足够理性，不是简单地以"量"为决策依据，市面上那些靠刷单弄虚作假的商品才没有立足之地。

多一些独立思考的精神，少一些盲目从众。时间会证明你的理性和远见。

蜜蜂的
寓言

—— 节俭悖论

　　"节俭是一种美德"，这是我们从小就倡导的观念。殊不知，历史上居然有经济学家颠覆了这一传统的观点，也就是说，节约并不能使人变得更富有，有时还要"挥霍"才行。18世纪，荷兰的曼德维尔博士在《蜜蜂的寓言》一书中通过一个有趣的故事来表达他上述观点。一群蜜蜂为了追求豪华的生活，大肆挥霍，结果这个蜂群很快兴旺发达起来。而后来，这群蜜蜂改变了习惯，放弃了奢侈的生活，崇尚节俭，结果却导致了整个蜜蜂社会的衰败。

　　此书一经问世立即引起轩然大波，招来了众人的唾弃和谩骂。书中居然宣传"浪费有功"，这个离经叛道的观念是对之前人们头脑中传统价值理念的彻底颠覆，引发了对现实生活中到底什么是美德的困惑。为此，在《蜜蜂的寓言》出第三版时，英国的一家地方法院专门为它立案，并判定此书是在"扰乱社会秩序"，是一种社会"公害"而予以查禁。尽管如此，《蜜蜂的寓言》在西方思想史上的影响却经久不衰，除了因赢得大量社会读者而广泛流传外，还先后对很多经济学思想大师的学说造成了实质性的影响。比如200多年后，英国经济学家凯恩斯就是从中得到启示，从而提出了"节俭悖论"。

　　20世纪30年代，美国正处于经济大萧条时期。当时美国人对经济发展都失去了信心，处在悲痛和绝望的边缘。为了以防万一，他们尽可能地将钱存起来，不敢轻易消费。按照常理，贫穷时省吃俭用将钱存起来，不失为长久之计。可经济学家凯恩斯从《蜜蜂的寓言》中受到启发，跳出来指责道：正是众人这种不愿消费的心态，使美国经济陷入了更严重的危机之中。

在他看来，勤俭节约对社会整体来说不是件好事。因为节约意味着减少支出，迫使厂商削减产量，解雇工人，从而减少了就业机会，阻碍经济发展。尤其在经济萧条时期，一味追求节俭只能导致经济进一步衰退。因此，他正式提出了"节俭悖论"。大意是指节制消费增加储蓄会增加个人财富，对个人是件好事，但由于会减少国民收入引起经济萧条，社会的不景气与经济危机就会进一步加剧，对国民经济却是件坏事。

凯恩斯断言，节俭将促成贫困的"恶性循环"，他曾形象地说，"如果你们储蓄五先令，将会使一个人失业一天。"按照他的观点，在资源没有得到充分运用、经济没有达到潜在产出的情况下，只有每个人都尽可能多地消费，整个经济才能走出低谷，迈向充分就业、经济繁荣的阶段。凯恩斯的解释后来发展成为经济学中人们所熟知的凯恩斯定理，即需求会创造自己的供给，一个国家在一定条件下，可以通过刺激消费、拉动总需求来达到促进经济发展和提高国民收入的目的。

在深受读者欢迎的《经济学》教科书中，作者即著名的美国经济学大师萨缪尔森曾经这样提及凯恩斯："本·富兰克林的《穷人理查德的手册》告诉我们，'节俭一分钱就是挣一分钱。'但是，正当我们学习穷人理查德的智慧时，出现了一代新的理财奇才，他们声称在萧条时期，古老的美德可以是现代罪恶。"

凯恩斯的节俭悖论再一次使《蜜蜂的寓言》这个故事进入人们的视野，并引起了巨大的争议。在西方经济学说史上，节俭悖论曾经使许多经济学家备感困惑：同一样事物，为什么放

大后就得出完全不同的结论？

众所周知，崇尚节俭自古以来就是一种世界性的美德。从理论上讲，节俭是个人积累财富最常用的方法之一，如果一个家庭能够做到勤俭持家，也就是减少浪费，增加储蓄，往往就能较快致富。凯恩斯认为这个道理从微观上分析，完全没有错；但从宏观上分析，节俭对于经济增长并没有什么好处，其引起的连带反应是这样的：公众节俭→社会总消费支出下降→社会商品总销量下降→厂商生产规模缩小、失业人口上升→国民收入下降、居民个人可支配收入下降→社会总消费支出下降……

如何看待节俭这个传统美德成为现代的"罪恶"？萨缪尔森在《经济学》教科书中告诫我们要用冷静客观的态度来解开这个悖论之谜。

具体地说，其一，必须认识到节俭悖论的存在有其特定的时空条件。任何悖论都是相对于一定的理论体系或特定的语境而言的，"节俭悖论"也不例外。凯恩斯当时是针对 20 世纪 30 年代世界性的经济大危机，提出的有效需求不足的理论。他认为，只有增加有效需求，即居民增加消费，减少储蓄，才可以使得国民经济恢复增长。在这种情况下，"节俭悖论"还是有道理的。也就是说只有在大量资源闲置，社会有效需求不足，存在严重失业时，才有可能出现这种悖论所呈现的矛盾现象。反之如果社会已经达到充分就业，但资源紧缺，甚至存在膨胀缺口，这时节俭就会产生正面效应，抑制过高的总需求，也有助于消除通货膨胀。所以节俭是否有害是有前提条件的，不能一概而论，要具体情况具体分析。

其二，正确理解节俭悖论，有助于提高我们对高储蓄可能带来的不良后果的认识。我们能从凯恩斯的理论中领会到，刺激消费对经济发展的确有积极作用。若过分强调人人生活节俭、减少开支，就失去对未来美好生活的追求动力，经济就容易失去生机活力，整个社会的进步也将趋于停滞。所以适度的消费

在今天也是值得鼓励的，它对于推动经济发展大有裨益。

　　尤其是随着中国特色社会主义进入新时代，我国社会主要矛盾已经转化为人民日益增长的美好生活需要和不平衡不充分的发展之间的矛盾。我们要改善人民的生活状况，满足人民对美好生活的向往，就应当鼓励大众扩大消费，而不能一味地节俭，那种"新三年，旧三年，缝缝补补又三年"的生活习惯应该予以摒弃。即便是超前消费意识，只要不是毫无理性的铺张浪费，从经济发展的阶段性和策略性而言，目前也不宜一味地反对。节俭，是一种美德。但过分节俭，就不能称为德了，而是人性的一种吝啬。就像《儒林外史》中讽刺的吝啬人物严监生，临终之际，伸着两根指头就是不肯断气，众人都不解其意，最后还是妻子走上前道："我晓得你的意思！你是觉得灯盏里点的两茎灯草费了油，我挑掉一茎就是了。"妻子这边挑掉一根灯草，他那边点点头，随即咽了气。所以理性的选择是"有选择的节俭"，而不是像严监生那样一味的、"严于律己"的

极度节俭。

2020 年受新冠肺炎疫情的冲击，国际上出现"全球化逆流"，世界经济活动收缩，我国进出口市场不确定性增加，部分行业出口订单锐减，外需市场陷于萎缩。对此我们更需要扩大内需来改变不利局面。内需相对于外需更加稳定，以内需拉动为主能够把疫情造成的损失和外部环境影响降到最低限度，使国内经济更加稳定和可持续，毫无疑问内需将成为近期我国经济增长的主要驱动力。扩大国内需求，释放消费潜力，就要扩大居民消费，适当增加公共消费。在此背景下，各地方政府纷纷采取各种措施来刺激消费、提振内需。

勤俭节约、艰苦奋斗一向是党员干部奉为圭臬的坚守，如今不少地方政府却一反常态，出台文件鼓励领导干部带头消费。乍听之下，仿佛有点不可理解，但是仔细想一想我国当前经济现实的特殊环境，对倡导领导干部带头消费也就不难理解了。从媒体新闻报道看，全国相当多的省市级领导干部，以带头消费并广而告之的形式提振市场信心。有的带头下馆子，有的去超市购物，还有的到书店买图书等。他们以自己的示范行动来鼓励市民出门消费，为市场加温。故而我们作为普通民众，应该积极响应政府号召，根据自身的收入水平适当消费，而不是一味地节俭，这样对自身、对社会都具有积极作用。

其三，节俭悖论并不是要求我们要选择一种奢侈的生活方式。我国是一个人口众多的国家，大多数资源能源都非常紧缺，这已成为制约我国未来经济发展的一个瓶颈，因此，我们不必追求欧美国家的生活模式，特别是现在社会上那种未富先奢的消费风气仍需遏制，节俭作为一种传统美德仍然具有现实而长远的意义。我们既要鼓励老百姓增加消费，也要大力提倡理性消费，理直气壮地反对浪费。

我国古籍《礼记》中说："国奢则示之以俭。"意即一个国家奢侈之风盛行，就要教导人们崇尚节俭。《论语》中也说："礼，与其奢也，宁俭。"强调节俭更符合礼的要求。自古以来，勤俭节约始终是中华民族的传统美德。习近平总书记曾经语重心长地说过："不论我们国家发展到什么水平，不论人民生活改善到什么地步，艰苦奋斗、勤俭节约的思想永远不能丢。艰苦奋斗、勤俭节约，不仅是我们一路走来、发展壮大的重要保证，也是我们继往开来、再创辉煌的重要保证。"

2020年，习总书记又对制止餐饮浪费行为作出重要指示。对于餐饮浪费现象，他用了8个字作评价："触目惊心、令人痛心！"虽然从2013年以来在厉行节约的"光盘行动"号召下，全社会各种浪费现象有一定程度的减少，但是并没有从根本上遏制住。

比如，一段时间风靡直播平台的各种吃播"大胃王"，被曝出假吃催吐浪费食物的黑幕，他们一方面利用了人们的猎奇心理，借直播之风吸引网民的眼球来获取流量，另一方面也传播了奢侈浪费的不当餐饮消费观念，扰乱了人们的价值观，败坏了社会风气。现在还有很多商家善于利用各种新媒体软文、短视频的方式，铺天盖地地轰炸你的价值观。他们会反复告诉你，"女人就该对自己好一点""做男人要舍得花钱"。一个精致的女人，该用什么护肤品，背什么包，佩戴什么首饰……

早就被广告做成了模板。与之相配合，除了信用卡，社会上出现了花呗、消费贷、网贷……各类透支消费手段层出不穷。

随着物质条件的改善、生活水平的提高，现在社会上很多人淡化了节俭意识，从而助长了浪费之风。有的认为，勤俭节约是过去艰苦岁月的特殊要求，现在提倡这个过时了；有的认为，是否节约是个人私事，只要"不差钱"，奢侈几把、阔绰几回没什么大不了；有的认为，时下国家提倡拉动消费，即使浪费一些，也是为经济建设做贡献。这些观点无疑是错误的。

今天我们整个社会远没有达到可以纵情享乐的时候，仍需保持节俭的优良作风。节约是一种美德，节约是一种智慧，节约更应该成为一种习惯和风气。建设节约型社会需要全社会的共同参与和共同行动，从节约一滴水，节约一度电，节约一张纸，节约一粒米开始，持之以恒，只有全体社会成员从内心深处树立节约意识，进而养成节约的行为习惯，做到从实际需要出发，合理消费、文明消费，才能在全社会营造健康向上的节俭型良好氛围，将节约这个"传家宝"在新时代进一步发扬光大。

马太
效应

—— 贫富两极分化

《圣经》中有这样一个故事：一个国王远行前，交给三个仆人每人一锭银子，吩咐他们："你们去做生意，等我回来时，再来见我。"国王回来时，第一个仆人说："主人，你交给我的一锭银子，我已赚了10锭。"于是国王奖励了他10座城邑。第二个仆人报告说："主人，你给我的一锭银子，我已赚了5锭。"于是国王便奖励了他5座城邑。第三个仆人报告说："主人，你给我的一锭银子，我一直包在手巾里存着，我怕丢失，一直没有拿出来。"于是国王命令将第三个仆人的那锭银子赏给第一个仆人，并且说："凡是少的，就连他所有的，也要夺过来。凡是多的，还要给他，叫他多多益善。"

这个故事出自《圣经·新约·马太福音》。20世纪60年代，美国知名社会学家罗伯特·莫顿首次将贫者越贫，富者越富的现象归纳为"马太效应"。马太效应简单说就是好的越来越好，差的越来越差。它反映了社会中存在的一个普遍现象，即赢家通吃。

马太效应一词尽管是产生于现代的西方舶来品，但其表征现象却自古有之。早在2000多年前，我国思想家老子就说："天之道，损有余而补不足；人道则不然，损不足，奉有余。"意即为苍天的常理是用富余的去补足缺失的，而人的常理却不是，是以不足的去满足富余的。可见在中国古代社会，马太效应就已经相当普遍而且非常明显。

在现代社会，马太效应更是无处不在，存在于社会的各个领域，其中经济领域的马太效应最引人注目。综合表现在：首先，市场化使得综合禀赋的差异在价值上得到确认。市场就是实现资源要素交易的场所，市场化就是对一切交易的资源定价，而独特的、稀缺的禀赋——比如明星的颜值、演员的演技、歌唱家的声线、体育明星的速度、作家的文采等，都将在市场化中得到有差异度的价值体现，进而产生机会鸿沟、收入鸿沟。像现在一些演艺明星大都愿意选择开演唱会，既可增加知名度还可日进斗金，何乐而不为。但同是演唱会，价格却因人而异。一些人气不是很高的明星还有自知之明，门票价几百块还可以让人勉强接受，但是有的大牌明星由于超高的人气，粉丝众多，那票价可就瞬间拔高许多，有的仅仅是入场的最基础的票价都在五六百元，更不要说那些十分接近明星、能够与自己的偶像进行互动的贵宾席了，那些位置票价动辄数千数万，价格差距真的不是一般的大。

其次，市场化进程中出现的富二代、官二代、星二代，相比普通人更具先天优势，更能获得好的发展机会。这世上不得不承认有些人含着金钥匙出生，衣食无忧，享尽宠爱。最后，地理禀赋也是扩大贫富鸿沟的加速器。像我国中西部的自然条件、经济基础客观上不如东部沿海地区，加之，改革开放以来我们采取由东向西地区经济梯次推进和区域不平衡发展战略，客观上拉大了东部和中西部地区经济发展水平和居民收入水平的差距。这些先天的自然因素及后天的政策安排造就了中西部的相对滞后。

利弊相随是万物的常理，也同样适合我们对马太效应的评价。首先我们应当承认，马太效应对加快经济社会发展有着不可埋没的功绩。

马太效应能极大地强化竞争，加快社会发展速度。由于马太效应使竞争者之间出现"一步领先、步步领先，一步落后、步步落后"的两极化趋势，竞争中的落后有时直接意味着淘汰出局。这一残酷事实迫使人们不得不强化自己的竞争意识，拼命工作，以领先或超越他人。在优势企业与弱势企业的竞争中，由于消费者都愿意购买质量上乘、名声在外的企业产品；银行都愿意给产品有市场有信誉的企业贷款；管理、科研人才都愿意向规模大、效益好的企业流动，于是那些具有优势的企业就能拥有越来越多的资金、掌握越来越雄厚的技术实力，占有越来越大的市场份额，从而越来越强。相反，那些弱小企业则不断被挤压，直至最后被优势企业淘汰、兼并。为了领先一步、不被淘汰，企业家往往要承受超乎寻常的精神压力，付出超乎寻常的艰辛劳动。不可否认，这种白热化的残酷竞争是当代社会快速发展的强大驱动力。

　　其次，马太效应有利于社会资源的最佳利用和保护。经济、科技和社会其他各项事业的发展都需要各种资源，特别是需要资金、市场、奖励、项目等稀缺资源。因此，社会资源特别是稀缺资源的分配是否合理，使用是否适当，也就是说"好钢是否花在刀刃上"对社会发展有重要影响。马太效应扶强抑弱，将社会资源投向那些经过反复淘汰留存下来的最有能力、最勤奋的少数优胜者。和其他资源的投入分配机制相比，它能使稀缺资源得到最为可靠的利用，使它们发挥最大效用，从而加快经济社会发展的速度。在这方面，我国改革开放前后的对比是一个最好的证明。改革开放之前，经济领域中各种稀缺的物质生产资料长期处于"全民所有、无人负责"的状态，遭到极大的浪费和破坏。只有在后来真正的市场经济中，通过马太效应的扶强抑弱、优胜劣汰，我国社会发展中的资金、市场等稀缺资源才真正向那些经过千锤百炼的优胜者流动，从而使它们得到最佳的利用和保护，有力地促进了我国经济的快速发展。

　　但是，与其他事物一样，马太效应也有其负面作用。由于马太效应是一种"损不足、补有余"机制，因此，它的运行必然导致强者更强，弱者更弱，也即两极分化。日常生活中这样的例子不胜枚举，如名声在外的人，会有更多的出头出面的时机，因此更加知名；容貌漂亮的人，更引人注目，更有魅力，也更轻易讨人喜欢；一个人受的教育水平越高，就越可能在高学历的环境里工作或生活。两极分化一方面意味着财富和资源在少数人身上集中、积聚；另一方面意味着弱势群体的发展资源不断被剥夺、丧失。故马太效应最突出的缺陷就是急剧拉大社会贫富差距，并进而影响社会稳定。

比如今天的中国，从居民消费来看，我国既有数量可观的高收入人群、庞大的中等收入群体，同时也有规模仍然巨大的低收入人群，持续巩固脱贫成果的任务仍然艰巨。2020年李克强总理曾经说过，中国是一个人口众多的发展中国家，我们人均年收入是3万元人民币，但是有6亿人每个月的收入也就1000元。李克强总理这一席话让我们对今天中国收入的差距有了更加清醒的认识。过去有句老话："富人一席宴，穷人半年粮。"在当今社会，1000元，对于有的人来说，可能只够一桌饭菜钱，甚至买不到一套化妆品、一件衣服。但对于李总理所说的6亿人来说，每个月要靠这点微薄收入维系整个生活的衣食住行、吃喝拉撒。他们很可能承受不起一场大病的折腾，难以支付大笔教育经费，难以扛住疫情带来的失业，"6亿人月入仅千元"数字的背后，道出的是保障和改善民生的任重道远。这个世上当有人吵吵嚷嚷着"世界那么大，我想去看看"

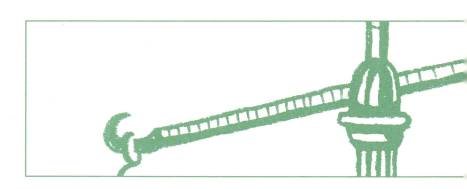

的时候，一定还会有人"钱包那么小，哪也去不了"。

　　贫富差距如果仅仅建立在公平竞争的基础上还好理解，但如果市场经济所伴随的贫富差距，又与权力经济、非法经济紧密联系在一起，那么就有可能触发社会阶层矛盾激化和社会秩序恶化，使社会稳定失衡，自我调节能力降低。

　　纵观现实生活，恰恰有一部分人钻体制的空子，通过非法手段暴富。表现为一些高级干部贪污腐败、徇私枉法，造成国家巨大损失，犯罪金额触目惊心；一些握有经济权力的官员及其亲属通过权钱交易，在批租土地、承包工程、企业改制、债转股等过程中大肆侵吞、转移和挥霍国有资产；一些不法商人大肆偷税、漏税、逃税、骗税，在短时间内以火箭般的速度聚敛财富。非法收入的存在，损害了社会公正原则，破坏了起码的社会公平，非法致富若得不到有效的惩处，将会起到不良示范作用，鼓励着后来者前赴后继地败坏整体社会风气。同时还使得老百姓更无法认同现有的分配结果，并在心理上将现实中

的贫富差距进一步放大，进而怀疑政策的合理性和公正性，最终降低公众对政府的支持程度以及对社会公正的信念。

在一望无垠的凯巴布高原上，世界上最大的大峡谷——科罗拉多大峡谷把浑然一体的大地劈成了互不联系的两个世界，正如收入差距把一个紧密融合的社会划分成贫富两极。所不同的是，科罗拉多大峡谷两侧不会敌对，而贫富鸿沟的两端，则是无尽的不满、恐惧和仇视。一个国家如果收入差距过大，严重到社会各个阶层对立仇视的程度，将会是一个停滞的社会，一个撕裂的社会，也是一个动荡的社会。在贫富悬殊的印度，有样独特的东西，叫作"黑夜政治"：一些白天干着卑贱工作的下层人，到了夜晚月黑风高的时候，就会伺机对富人施暴，砸石头毁坏公共财物。总之，黑夜中现身的"歹徒"很可能就是白天毕恭毕敬为你擦鞋的下人。他们针对富人和社会的破坏活动，目的就是寻求发泄，弥补受损的尊严。

对贫富差距分化问题我们绝对不能等闲视之，必须给予高度的正视和重视，这个问题解决不好的话，将成为制约我国社会经济协调持续发展的一个大的绊脚石。党的十八大以来，以习近平同志为核心的党中央坚持人民利益至上，一直致力于加大反腐力度、脱贫攻坚等有助于缩小收入差距的工作，让全体人民共享经济发展的成果，不断提高生活质量，极大地凝聚了民心士气，增强了广大人民群众的获得感满足感。

习近平总书记上任伊始，就把党风廉政建设和反腐败斗争提到新高度，以刮骨疗毒、壮士断腕的勇气，以锲而不舍、驰而不息的精神，以抓细抓实、环环相扣的策略，整饬党风、严惩腐败，规范收入分配秩序，调节过高收入，清理规范隐性收入，取缔非法收入，广大群众无不拍手称快，一系列较真碰硬的举措缩小了社会贫富差距，扩大了内需，极大地增强了经济发展动力。

除了严惩腐败、规范收入之外，习近平总书记还把脱贫攻坚摆到治国理政的突出位置，提出精准扶贫精准脱贫基本方略，并向全社会做出了庄严承诺，要在2020年完成脱贫攻坚任务。消除贫困是全球性难题。为了解决这个难题，中国几十年如一日地奋斗，一代接着一代干。特别是党的十八大以来，我们组织打响了人类历史上规模最大、力度最强的脱贫攻坚战役。脱贫攻坚集中了全党的智慧和人民群众的实践，探索总结出了多种原创性、独特性的有效途径，包括中央统筹、省负总责、市县抓落实的工作机制，五级书记一起抓，建档立卡，精准施策，选派第一书记和驻村工作队，强化实绩考核制度等。

通过不懈的努力，在2020年这一特殊而不平凡的年份里，我们顶住了新冠肺炎疫情冲击，如期消除绝对贫困和区域性整体贫困，近1亿贫困人口实现脱贫，取得了令全世界刮目相看的重大胜利，实现了中华民族数千年来未有之大变局。中国如期完成脱贫攻坚目标，就如同一束强光照亮了世界减贫进程，为人类消除贫困注入了信心与动力。

蝴蝶
效应

—— 经济全球化

　　美国气象学家洛伦兹于 1963 年写就一篇论文，名叫《一只蝴蝶拍一下翅膀会不会在得克萨斯州引起龙卷风？》，他说，亚马孙流域的一只蝴蝶扇动翅膀，会掀起密西西比河流域的一场风暴。其原因在于：蝴蝶翅膀的运动，导致其身边的空气系统发生变化，并引起微弱气流的产生，而微弱气流的产生又会引起它四周空气产生相应的变化，由此引起连锁反应，最终导致整个系统的极大变化。一场破坏力极大的飓风，竟是因为蝴蝶翅膀的扇动而形成的，洛伦兹把这种现象戏称为"蝴蝶效应"，意思是一件看起来非常微小的事情，可能会给表面上看来毫无关系的另一件事情带来巨大的改变。

　　蝴蝶效应之所以声名远扬，不仅在于其大胆的想象力和迷人的美学色彩，更在于其深刻的科学内涵和内在的哲学魅力。西方有一首传唱度非常高的童谣对此作了形象的说明：

　　　　　丢失一个钉子，坏了一只蹄铁；

　　　　　坏了一只蹄铁，折了一匹战马；

　　　　　折了一匹战马，伤了一位骑士；

　　　　　伤了一位骑士，输了一场战斗；

　　　　　输了一场战斗，亡了一个帝国。

　　一个帝国的灭亡，一开始居然是因为一位能征善战的将军战马的一只马蹄铁上的一颗小小的铁钉松掉了，马蹄上一个钉子是否丢失，本是初始条件的一个十分微小的环节，看似无关紧要，但由于事物之间的相互依存关系，使得一个小小的误差有可能通过一条条相关链条传送放大，最后导致的结果是帝国存亡这样一件国之大事。正所谓"小洞不补，大洞吃苦"，事物间的相互依赖度越高，发生蝴蝶效应的可能性越大。关于类似蝴蝶效应的思想，实际上早在 2000 多年前的中国也有相关记载，比如《礼记》中所言："君子慎始，差若毫厘，谬以千里。"其意也是认为开始的微小改变会对未来有很大影响。这个古训和蝴蝶效应的现代科学理论尽管相距漫长的岁月，但其机理却不谋而合。

蝴蝶效应虽然由气象研究引出，但适用范围极广，我们在社会生活的方方面面都能感受到它的存在。在经济领域，人们现在常用蝴蝶效应来形容经济全球化的作用机理，经济全球化是当代世界经济发展的主要趋势和最突出的特征。随着世界市场的扩展和深化，经济资源跨越国界不断流动，世界各国、各地区之间经济相互联系和依存度日益紧密，相互渗透和扩张、相互竞争和制约不断加强，使得全球经济融合成一个不可分割的有机整体，整个世界日益变成了一个"天涯若比邻"的地球村。

国际上曾经流传这样一个趣闻，说是地球这头的中国只要一开始大规模建设，地球那头的英国人就要赶紧准备新的井盖。因为中国一建设，由于需求量大，就会带动世界钢铁原材料价格上涨，原材料一涨价，伦敦公路上的下水道井盖就值钱，一些见钱眼开的流浪汉往往会在月黑风高的晚上将其偷走，卖给回收站，回收站将其砸碎后再当做废铁卖给中国，如此这般形成了一个闭路回环。

世界经济全球化进程加快的同时也加大了全球经济的脆弱性。在一个高度依存的全球经济体系中，任何一个经济体特别是作为全球供应链关键环节的经济体，发生暂时的生产停摆

或贸易限制，都会给其他经济体带来不容小觑的外部冲击。这也就是我们经常开玩笑所说的"华盛顿这边感冒，东京也要打两个喷嚏"。

金融全球化是经济全球化的重要方面，金融领域中的蝴蝶效应表现更加突出。全球金融自由化浪潮使"金融国界"趋于消亡，特别是互联网经济的发展，使电子信息技术广泛应用于金融业务中，克服了地区、时差的障碍，金融交易可以连续 24 小时在任何市场进行，跨国交易也只是瞬间完成的事，各国金融市场的联系程度日益紧密。这导致一国金融市场发生动荡就会迅速蔓延，一点很小的初始扰动，都有可能演变成一场巨大的全球经济危机。

还记得 2008 年的美国金融危机吗？当中国的一位农民工失业后坐上火车回到老家的时候，他可能不曾想到他失业的源头与美国无钱买房、但依然可以从贪婪的银行申请到贷款的中低收入者有关。2007 年，次贷危机在美国爆发，紧接着到了 2008 年下半年，金融危机便在全球范围内掀起波澜。当美国次贷危机刚刚发生的时候，并没有多少人相信，美国金融动荡会对亚洲经济产生如此重大的影响。毕竟彼此相隔了万水千山，而且在经历了 1997 年的亚洲金融危机的打击、磨炼和洗礼后，亚洲国家和地区的经济防护体系有了显著改进。所以，当次贷危机爆发时，亚洲许多国家还乐观地认为，只要亚洲区内贸易可以持续，美欧经济好坏与亚洲经济的关系就不大。然而，事实证明，美国次贷危机就像那只扇动翅膀的蝴蝶，它带来的负面影响被不断地、迅速地传导放大，时隔不久，便对亚洲经济产生了巨大冲击。

2008 年的全球金融危机让全世界的人们深刻地体会到了国际金融资本无虚不乘、无孔不入的鬼魅特性，其流动之迅速、能量之巨大、形式之隐蔽、手段之复杂使得不少国家防不胜防，全球经济由此遭受重创，时至今日人们谈起依然记忆犹新和心有余悸。

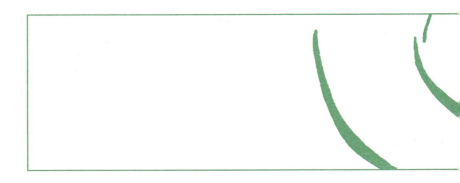

　　2008 年金融危机的后遗症还没有完全化解，2020 年新冠肺炎疫情在全世界的蔓延，使得蝴蝶效应再现江湖。新冠肺炎疫情初始之际，全世界都还认为它只是一个区域性事件，谁也没有想到它竟然以迅雷不及掩耳之势席卷全球。新冠肺炎疫情的蔓延再次验证了地球已经进化到"地球村时代"：全球贸易、金融、网络和其他领域的互联互通，带动了物流、人流、资金流、信息流等在全球范围的大规模流动。国与国、地区与地区之间紧密联系，一荣俱荣，一损俱损！没有谁是一座孤岛。新冠肺炎疫情开始仅是一场全球的健康危机，但在蝴蝶翅膀的扇动下，最终演变成了一场全球的经济危机。

　　随着新冠肺炎疫情持续扩散，各国为控制疫情传播，严格限制人员流动、交通运输与生产消费，导致大量经济活动骤停，轰鸣的机场骤然沉寂，喧闹的出入境口岸门可罗雀，繁忙的港口汽笛声渐稀，再加上疫情终结遥遥无期，这种时间上的不确定性严重冲击经济信心，引发世界金融和资本市场动荡，

导致全球经济陷入衰退。城门失火，殃及池鱼。疫情甚至使得2020年东京奥运会被迫延后举办，东京奥运会也因此成为现代奥运史上第一个因疫情而延期举办的奥运会。

经济全球化快速发展这几十年，全球经济遭遇过石油价格飙涨带来的供应冲击，也经历过房地产泡沫、科技股泡沫破灭的紧缩冲击，还曾出现过主权债务破产带来的信用危机，但还没有一次危机如新冠肺炎疫情一样，对全球化造成如此快速、全面、凶狠的短期冲击——在需求侧，消费者的消费欲望和信心被抑制，全球各种商品、各个产业销路严重受阻；在供给侧，疫情迫使大量工厂停产，产业链断裂，很多行业被迫高挂歇业牌。追根溯源，这一切凄凄惨惨状，居然是由一个小小的病毒引发的。

新冠肺炎疫情全球大流行，使人类面临严重的公共卫生危机，同时也使经济全球化面临诸多挑战。疫情之下，全球供应链遭到重创，部分传统发达国家发现单凭本国一己之力，连口罩、呼吸机等常用防疫物资都生产不出来，他们第一次清醒地认识到，完整的产业结构和产业化能力对于国家的战略意义及安全意义。为此部分发达国家开始转变对贸易自由化和经济全球化的基本立场，反思制造业转移所带来的空心化问题，有的迫不及待地以行政命令召回本国外流制造业，有的为了甩锅推卸责任，直接嫁祸于人，对中国及中国企业采取关税壁垒、技术封锁、定向打击等种种不入流的手段。如何看待当前甚嚣尘上的逆全球化趋势？

首先，全球化是国际分工的必然结果。早在经济学鼻祖亚当·斯密写就的开山著作《国富论》一书中，就系统全面地阐述了劳动分工对提高劳动生产率和增进国民财富的巨大作用，这一理论至今仍然适用。通过各个国家的产业分工，每个国家都可以根据自身的优势，专注于做全球产业链中的一环，这样每个环节的效率都提高了，全球经济的总产出也跟着提高，大家共同受益。国际分工是一个双赢的制度，所以发展非常迅猛，今天世界产品的分工细化及相互联系已经到了普通人难以想象的程度，像波音飞机大量零配件离不开中国供应链，连美国总统竞选用的旗帜标语，都需要从中国义乌定制。更不要说美国超市货架上琳琅满目、供应充足的商品，一看背后几乎全是中国制造的标签和二维码。在过去的几十年中，世界各国立足于全球化并从中获益，每个国家的产业链都已经深深地嵌入到全球的产业链中，一国经济发展对全球经济发展的依赖程度越来越高，地区和全球的共同利益明显增多。大到国家，小到个人，都在享受着全球化带来的好处和便利。如此高度关联的全球产业链格局很难被一次疫情彻底逆转，谁也不想"一夜回到解放前"。

其次，经济全球化是资本逐利的需要。全球化的根本意义就在于通过原材料的全球调度、生产流程的全球协调、流通分配的全球优化，降低产品和服务到达全球终端用户手中的综合成本。资本的本质是追逐利润，即便是国界也阻挡不了逐利的脚步，西方国家要逐利赚钱，有两样东西对它具有致命的吸引力，一是低成本，二是相当规模的市场。而中国恰恰是兼具这两项优势的特质国家。虽然经过几十年的发展，和印度、越南等国家相比，中国的人工成本优势已经不是很明显，但今天中国制造的核心优势已经换代升级，它具备非常完善的产业闭环条件——精湛的技术＋充足的人力＋完整的供应体系＋庞大的消费市场。而那些想替代中国的国家，要么劳动力充足却不具备驾驭先进技术的能力；要么掌握着领先的科技却人力昂贵。而中国生产力水平及生产效率的优势独步天下，市场规模更是全球第一，这种综合性价比全球无可匹敌。

比如智能手机市场，目前在技术上美国还处于最顶端，包括我们使用的安卓系统、苹果系统，还有手机上的一些高端芯片都是美国研发生产的。但生产手机光有技术还不行，还要有产业链。随着我国基础产业的快速发展，中国已经成为全球手机产业链最全的国家。上到手机芯片的设计与生产，下到最简单的防伪标识印刷，中国已经实现"足不出户"就能生产出智能手机的所有零部件，大大节省了手机出厂的制造成本，加之手机出厂后可就地投放市场，又大大节约了流通成本，这也是连美国的手机也要到中国生产的原因。中国人、中国公司、中国商品早已成为海外市场不可或缺的一部分，离开中国制造，世界不能正常运转，世界需要我们，我们也需要世界。

新冠肺炎疫情只是经济全球化过程中的一个"暂停键"，但也正是这次暂停，向世人展示出了全球化中断给世界经济可能带来的不可承受的巨大损失。经济全球化并非尽善尽美，它是一把"双刃剑"，对各国经济发展来说有利有弊，但总体来看符合经济规律，符合各方利益。从长远来看，全球化的大趋势肯定不会变。各个国家所要做的就是顺应历史潮流，更好地参与经济全球化，并且趋利避害，努力把经济全球化可能带来的负面影响降到最低程度，这才是该走的世间正道。

不要把所有鸡蛋
都放在同一个篮子里

—— 投资的组合

有一个农妇，家里面养了几只鸡。她把这些鸡蛋积攒在一起，想等到价格上涨的时候，能够换回更多的家用。终于有一天，家里面的鸡蛋攒得足够多，鸡蛋的价格也令她很满意。于是她决定把鸡蛋拿到集市上去卖。为了拿着方便，她把所有的鸡蛋都放进同一个篮子里。可是没想到鸡蛋太多太重，篮子使用太久不结实了，途中篮子不堪重负漏底了，鸡蛋也全都摔碎了。农妇伤心不已，可是此时再呼天抢地也于事无补。

这个故事蕴含的道理其实很简单：如果你将所有的鸡蛋放在一个篮子里，一旦篮子被打翻，所有的鸡蛋都会破碎；而将鸡蛋分放在几个篮子里时，即使其中一个篮子里的鸡蛋遭受损失，也不会对你造成太大的影响。今天，我们常用"不要把所有的鸡蛋都放在同一个篮子里"这句古老谚语来警示家庭投资。

中国有句老话，"有钱不置半年闲"，随着经济的发展和老百姓生活水平的提高，普通民众手里的闲钱越来越多，怎样才能让手中的钱保值增值，如何把蛋糕做大，便成为日常生活中老百姓极度关注的一个问题。

在现代经济生活中，储蓄与国债成为许多人放鸡蛋的最传统也最安全的"篮子"，同时随着投资渠道越来越广泛，许多新型的理财工具为人们提供了更多可供选择的"篮子"。人们越来越接受投资理念，纷纷将目光从最"原始"的储蓄理财转向更多形形色色的投资理财。当前社会主要的大众投资方式大致包括：债券投资、股票投资、基金投资、购买房产等。大家希望的是，借助于投资产品和理财工具，循着财富保值和增值的金光大道，实现财富自由的美好人生。

　　但是有时理想很丰满，现实却很骨感。不得不承认这世上没有十全十美的事物，单一的投资产品，细究起来都有着不可避免的局限性。比如国内投资者最钟爱的股票产品，波动性大，风险高，既能把投资者带到财富的天堂，又能把投资者送至亏损的地狱。房产投资是公认的抵御通货膨胀的有效投资产品，房地产市场在火爆时期，可以为很多投资者带来巨大的财富效应，但是它容易受到外部政策的影响，并非稳赚不赔，而且流通性也比较差，如果把所有的鸡蛋都放在房产这个篮子里，很容易引起资金链的断档，带来变现能力的困难。债券产品虽然稳健，但它的收益率往往比较有限，过度集中在这一产品上，会导致获利能力的削弱，造成无形中的资本浪费。

　　可以说，各种投资方式均有不同程度的收益，也各有不同的风险。一般的情况是一种形式的投资，其风险越大，收益也越大，风险越小，收益也越小。例如，银行存款的风险最小，但其收益率相对较低；购买债券的收益一般要高于银行存款，但其风险程度显然也要高于银行存款；股票的风险最大，但其收益常常较高。正是由于不同形式的投资有着不同的收益和风险特性，作为一个稳健的投资者就应分散投资，不宜把资金投向单一渠道。通过分散投资，将自己的资金分布在不同的领域，让不同投资产品的缺陷得到弥补，既能降低风险，同时也能平稳地创造财富。

　　想过上幸福的人生，你就得成为一个出色的投资组合管理者。比如可以按照风险配比的原则来进行资产配置，采取"金字塔式"的资产配置方式，将低风险、固定收益类产品作为金字塔的底部，底部越扎实，组合抵御风险的能力就越强。在夯实财富底部的基础上，适当配置中、高风险产品，可以扩展资本增值的速度。根据我国目前家庭收入的情况，有专家提出一种比较稳妥的"四三二一"组合投资方式，即40%的钱存入银行，以备日常开支；30%的钱购买国债；20%的钱用于买股票和基金，换取高风险的高回报；10%的钱用来购买各种保险，以防患于未然。也有专家循着同样的思路提出"三三制"的组合投资建议。即1/3的钱储蓄，1/3的钱购买国债，1/3的钱投资股票和保险。总之不管哪种组合投资方式，目的都是通过投资产品的科学合理配置，让投资组合的波动性趋于缓和，在控制风险的同时，获得长期收益。这样的篮子鸡蛋配置比较适合于大多数家庭理财。

无庸讳言，投资组合是一种较为稳妥、甚至看起来有些保守的投资策略。在如今炒风日盛、致富心

切的浓烈市场氛围下，这种投资策略或许会显得有点不合时宜。因为投资者总是希望购买风险最小、收益最高的产品，如果进行投资组合，收益好的和收益差的产品一并购入，岂不白白错失获得最大利润的机会？事情的确如此。不过，世界上没有绝对保险的事情。如果不采取投资组合，你有可能获得更多的利润，但也有可能让你历经千辛万苦获得的财富毁于一旦。

微软公司董事长比尔·盖茨，尽管曾居于世界首富地位，但在花钱方面并不任性而为，相反对自己的投资很是慎重。从1994年开始，他重金聘请规划师拉尔森组建了投资公司，帮助他打理家庭财富。比尔·盖茨最初持有微软45%的股份，之后，拉尔森持续减持盖茨手中的微软股份，构建分散的投资组合。这期间，微软股价不断攀升，如果盖茨仍持有原来45%的微软股份，他的财富规模会是现在的3倍多，也就是说，盖茨花大价钱分散风险，反而让自己的身价跌了不少。但是，分散的投资组合保证了盖茨财富的安全稳定，避免了重仓单一资产可能带来的波动性，还可以让盖茨在不惊动市场的情况下随时买卖，做到进退有据、守成为上。事实上，世界各国的高净值人群大多遵循分散化的投资原则。要知道金融市场作为一个复杂开放系统，充满了不确定性。在这样的系统中，控制风险要作为优先选项排在获得收益前面。

现实生活中个人投资理财作何抉择，主要取决于你对待风险的态度和承担风险的能力。故而在取舍组合之前你先得测试自己以下几个问题：

首先，你投资赚钱的希望值有多高？投资总是伴随着风险，收益越高，风险就越大，所以想赚钱就必须要有承担风险的决心和能力。简单来讲，如果一个人极其厌恶风险，那么对他而言，只要年收益率略微高出通货膨胀率，就已经算是"最值"了；而假如某人为了获得高收益愿冒本金尽失的风险，20% 的年收益率对他来说可能都算不上赚钱。实际上，"最值"不仅是指在能承受的风险水平下取得高收益，而且要求投资计划符合个人的实际情况和投资目标。现在有不少人梦想着靠投资理财赚大钱，想法本身无可非议，但是很多人又不想动脑筋，只想把钱投入某个地方后躺着等钱哗哗入账。于是，这部分人很容易掉进非法 P2P 平台、荐股等投资骗局中。原指望一夜暴富，最后却不仅一分钱都没赚着，反而被骗得血本无归甚至倾家荡产。还有部分想赚大钱的人就喜欢股票之类的投资品，而且永远只做短期，非长期。这样的做法是一种不合理规避风险的表现，因为资产相关性太高，一旦风险来临，是无法做到有效的风险规避的。实际上，投资是个长期的过程，真正的投

资者不会将所有钱都押在同一种投资品上。如果带着赌徒心理想搏一把，将所有钱押注在同一种高风险的投资品中，一旦发生巨额亏损，连一点退路的余地也没有。不论世事如何风云变幻，"活下来"应该放在所有财富原则和人生原则的第一位。只有"活下来"，你获得的收益才有意义。

　　其次，你有没有投资赚钱的实力基础？并不是所有人都适合同一种投资方式或同一种投资工具。张三有雄厚的资金，可以投资房地产市场，而李四却无此财力，只能望"房"兴叹；王二有很强的金融专业背景，从大学就开练炒股，而牛七可能对股市一头雾水；股海沉浮，某甲乐在其中，觉得刺激，某乙的心脏却承受不了这悲喜交错……个人的资金基础、知识技能背景、偏好、时间充裕与否等各种因素都会直接影响其投资决策。正如时下流行的一句话所说，"你永远挣不到你认知之外的钱"。因此投资前，你需要根据个人实际情况考虑自己的风险承受能力，哪怕这个资产配置组合在外人看来是科学的、合

理的，但其蕴含的风险已超出你所能承受的上限，那么该资产配置组合也并不适合你，连碰都不要去碰。如果你被宣传上的预期收益所吸引硬性而为，很可能是一波操作猛如虎，自己最终成了二百五。一旦风险来临，很难说，会不会因为亏损而让自己寝食难安，平静的生活被彻底打乱。所以现在个人去银行购买理财产品时，都需要填写一份风险评估报告，目的就是让你对自己的风险承受能力有个客观的了解，以便购买风险承受范围内的理财产品。

除了上述因素，个人在进行投资决策的时候，还必须考虑一个至关重要的因素，那就是自身所处的人生阶段以及依此决定的财务目标。原因很简单，如果是一个年轻人想积累退休基金，目前他就应该更注重基金的增长能力，即投资的收益性更为重要，个人可以承担较高的风险；但如果是一位接近退休的人为他的退休基金决定投资方向，那么他必然应该更加注意基金的安全性，在这个时候拿所有的钱去做回收期长、风险高的投资，无疑是不明智的。所以，理财要从个人目标规划出发，定性我们的资金属性，找到合适的方向，然后打造整个资产组合，而不是一味的人云亦云，盲目跟风。

最后，你想用什么投资方式赚钱？理财是一个带有非常鲜明个性化烙印的动态过程，不仅要因人而异，而且要因时而异。世间不仅没有一份适合每一个人的理财方案，也没有一个可以沿用终身的"死"计划。个人资产配置是一个变化的过程，除了结合自身经济状况、心理承受能力等因素去配置资产外，还需要根据整个社会经济周期具体情况动态调整。一般来说，经济不景气、通货膨胀明显时，个人应增加变现性较高且安全性也不错的投资比例，也就是投资策略宜修正为保守路线，维持固定而安全的投资获利，静观其变，"忍而后动"。当经济复苏，投资环境活跃时，则可适时提高获利性佳的投资比例，也就是冒一点险以期获得高回报率的投资。

俗话说，蛇有蛇道，猫有猫路。个人投资理财各有各的高招。但是，万变不离其宗，"不要把所有鸡蛋都放在同一个篮子里"应是你首要考虑的指导思想，为了使风险最小而收益最大，必须根据自身实际情况，量力而为地选择正确的组合投资方式，找到一条既稳妥、收益又高的多样化投资之路。只有做到科学配置，才既能有效抵御风险的冲击，又能最大限度地增加个人收益。

投资有风险，理财需谨慎！

用脚
投票

——"经济人"的利益选择

用脚投票这个词从字面上看怎么都觉得别扭，人类自数十万年前由猿演化过来，手脚便有了明确的分工。脚多用夹支撑身体和行走，手则解放出来从事一些更加高级细腻的活动，从穿衣吃饭到舞文弄墨，可以说是无所不能。投票这种社会行为，无论是按表决器还是无记名填写，当然应当用手，用脚投票不是"跨界混搭"吗？可时代发展到今天，人们对某事件、某现象、某局面不高兴了，不满意了，不答应了，竟然可以"三十六计走为上策"，对此有人形象地把这种行为称为"用脚投票"。

所谓用脚投票，是指资本、人才、技术流向能够提供更加优越的公共服务的行政区域的现象。我惹不起还躲不起吗，于是拔脚走人：农民种田赔钱，于是弃田而去，是用脚投票；农民工做工收入菲薄，待遇低下，不干走人，也是用脚投票；受到严重伤害的股市投资者们斩仓离场，还是用脚投票……单从孤立事件来看，小人物对整体环境的改变是无能为力的，可是正所谓聚沙成塔、集腋成裘，众多小人物如果不约而同地都这么干，便形成了整体规模效应，一旦形成了合力，用脚投票则显现出比用手投票更大的威力。

2020年9月，一则视频新闻刷爆微博、抖音各大头条，瞬间引爆舆论场。视频中，江苏昆山台资企业的几名主管一手拿着话筒叫着员工名字，一手将员工的工作证扔到地上。员工想要工作证，那就必须弯腰捡起来。这种故意为之的行为可以说是对员工人格最大的侮辱。仅隔一天，"扔证件"事件的后续发酵就显现出来了，涉事企业大批员工排队离职，偌大的车间弥漫着人去楼空的凄惨。挣钱也要有底线，尊严不容践踏！在尊重知识、尊重劳动的现代社会，居然还有企业如此践踏劳动者尊严，对此员工自然会用脚投票以示抗议。用脚投票不仅使广大普通员工挺直了腰杆，更是他们人格尊严及有权选择更好生活的无声宣言。

说实话，社会上大凡用脚投票的种种行为都是一种实在玩不下去了的无奈之举。好好说没人理会，问题摆在明面上无人解决，位卑言轻者就只有用脚投票的份了。用脚投票表面上是一个"无组织""无纪律""不听招呼"的消极现象，但是辩证地看，这类事件也是一种进步，它是推动社会变革不可或缺的一味苦口良药。

用脚投票是每一个经济人天然拥有的权利，谁也不能剥夺。根据国家统计局发布的公报，2019年浙江省净流入84.1万人，相反东北三省人口自然增长率均为负增长，光是黑龙江省总人口数量就比上年减少21.8万。也就在这一年，东北五线小城鹤岗因为350元/平方米的超低房价爆红网络。这座缘煤而兴的资源型城市由于资源枯竭，支柱性产业逐渐没落，大量年轻劳动力纷纷离开，致使房产大量过剩。像鹤岗这样资源枯竭型城市的典型代表，东北还有不少。这些城市持续收缩的背后，是整个东北人口不断流失、老龄化加剧、出生率下降。

正所谓"人往高处走，水往低处流"，驱动人口迁移最主要的因素是为了追求个人更好的生活，而在这些方面经济发达地区占尽优势。尽管发达地区有房价高、租金高、城市雾霾严重、交通堵塞等"城市病"，就拿生活成本高这一项来说，在北京

打工的"北飘一族"中流传着这么一句苦涩的话，"北京挣钱北京花，一分别想带回家"，但吐槽归吐槽，发达地区的优势也显而易见地摆在那里：升职加薪的机会较多；同事的交流成本较小；职业相对来说比较公平；工作薪资福利待遇好；外加丰富的教育资源、高水准的医疗条件与良好的生活环境……这些都是欠发达地区所不具备的优势。大城市自带的包容、丰富、便利、魔幻和活力等一些特质，会让每一个投奔者渐渐地爱上它，最后不由自主地停下漂泊的脚步。

随着全国人口大范围逐步自由的流动，各个城市都感受到了前所未有的压力。人才资源是经济发展的重要支撑，谁能收获更多的人才，就意味着未来竞争发展更具比较优势和潜力。尤其是今天，经济的发展已到了转型的风口，在国家发力智能制造和"新基建"的顶层设计之下，哪个城市拥有足够的高素质人才，哪个城市就能抢占先机。正是看准了这一前瞻趋势，各个城市纷纷栽种引得"凤凰来"的"梧桐树"，并由此引发了一轮"抢人大战"。

自 2017 年下半年开始，包括西安、南京、武汉、广州等超过 20 个一二线城市频频出招，一再加码推出租房、购房打折，发放就业、创业补贴，给予项目资助等人才引进及落户优惠政策，你方唱罢我登场，全国"抢人大战"持续升温，已进入到白热化状态，多个城市发布的落户新政力度之大前所未有。比如西安对外发布的落户举动堪称"赤诚之心昭昭"，只要你有本科以上学历，即便你今年 90 岁；学历低也不要紧，只要你是中级工技能人员……恭喜你！你都可以直接在西安落户，基本上零门槛。

和往年不同的是，这一轮抢人大战中，三四线城市也没有落下，都积极进场争夺，而且尽自己所能，给出的力度还不小。这些年由于一线城市超强的"虹吸效应"，我国众多三四线中小城市就像东北鹤岗一样，长期处于人口流失、经济停滞的状

态，再加上很多城市产业结构单一，本身发展已处于滞后状态，再不有所动作的话，将会被一线大城市远远地抛在身后。总之，现在大家齐发力后的格局就是大城市加紧网罗人才，小城市则退而求次之，拼命留住人口。

此外，近些年国民不仅在国内用脚投票，寻觅实现自我理想抱负的高地，而且居然越洋过海，拔脚把票投到了国外。据统计，我国出境游人数和购买力已连续多年位居世界第一，只见出去时人头攒动、轻装上阵，归来时却是人人大包小包地满载而归。境外刮起的这股"中国旋风"，让当地的机场、商店、景点都心甘情愿、掏心掏肺地挂出中文的旅游、商品标识，充分配备国语流利的导游、导购。甚至还有精明的商家应景地挂出了"喜迎国庆""欢度中秋"等饱含中国元素的欢迎标语。

消费者蜂拥购买洋货的原因就在于随着生活水平的提高，消费者的自由选择和自主消费意识日渐增强，对产品的需求正加快从以往的数量型、生存型、温饱型消费向质量型、发展型、

享受型消费转变，更注重优质、安全、环保……当消费需求无法得到国内供应端有效满足的时候，消费者真的就会选择用脚投票——他们拔脚走出国门去扫货。这不是消费者的错，而是国内的供给端无法满足和对接消费端，因而造成了"内需"演化成"外需"，而要想将这样庞大的消费需求留在国内，就必须进行供给侧的改革，使提供的产品适合消费者的所需所想，最终实现供给和需求之间的匹配对接。

个人能够依据利益最大化原则用脚投票四处闯荡，作为市场经济微观主体的企业在经过权衡利弊得失之后，同样可以用脚投票进行跨区域流动，寻求最适合自己发展的沃土。企业的流动，相当意义上就是人口和资金的流动。越来越多的地方政府已意识到知名企业对一个城市、一个地区的极端重要意义。有没有、有多少知名企业和知名品牌，已成为评价一个城市、一个地区经济实力、未来成长前景的重要参数，成为影响城市或地区形象及地位，甚至影响居民自信心的因素之一。

企业的跨区域流动，是一种强大的用脚投票的力量，是一种无声的选择。它严格地挑选着更加适宜企业健康成长的土壤——那些按照市场经济规律办事，严格执法、具备优良的投资环境，尊重知识及人才，经济及社会秩序良好的地方，这是企业趋利避害动机指引下的自然选择。

当一切行政命令式的东西不再能够左右企业的跨区域流动时，所有的地方政府都将面临一种无形的压力。你投资环境不好，我待在这儿不顺心，于是就另寻栖身之地，企业的用脚投票是国内经济秩序向着更合乎市场经济规律方向调整的必然结果。

　　对政府来讲最大的触动就是要变压力为动力，想方设法创造良好的投资环境，包括完善城市基础设施，为外来资本、技术和人才的进入清除种种障碍，尊重法治和规则的力量，培植良好的社会秩序等。只有这样，才能留住那些知名企业，才能进一步构筑起对一个城市和地区未来的信心。而当政府改善投资环境的积极性被调动起来后，就会形成一个相互促进的正效应，依法办事、遵守市场规则、维护公平公正原则、尊重知识及人才等力量，都会成长得更快更强。而这样的社会环境和秩序，无疑是我们健全完善社会主义市场经济过程中所追求向往的。

　　在改革开放中崛起的深圳，从地理位置来看它偏居一隅，历史上只是一个落后的边陲小县，但近些年偏偏有一批知名企业将总部或重要部门迁往深圳。深圳"招蜂引蝶"的秘诀就在于政府一切为企业着想，一门心思把城市打造和培育成优秀企业的温床和港湾。为了企业落户后更好地发展，深圳倾全力拿出最好的地，最好的海湾，最好的设计，最好的绿化环境和蓝天白云，最好的市场配套和营商生态，最好的政策供给，最好的政府服务，税收和奖励优惠等，所有这一切都体现出对企业的倾情召唤、呵护乃至宠爱，这是深圳最大的亲和力和吸引力。深圳在缺少知名高校、科研机构的薄弱土壤上，孕育出众多全国领先的高新技术产业，孵化了华为、腾讯、大疆等明星企业。据统计，目前世界 500 强中，有 280 多家企业在深圳有投资。有 7 家世界 500 强企业总部位于深圳。

在国内各大城市为抢留人才及企业殚精竭虑、使出浑身解数的时候，国内的企业同样感受到了内需外流的压力，也正在着手采取超常规措施来扭转这种窘况。本土企业较之国际品牌的最大优势是距离消费者特别近，熟悉他们的偏好变化，感知能力强、反应快、纠错能力强。这两年众多国内品牌立足本土发挥最大优势，苦练内功之后强势逆袭，相当多的国货一扫以往"老土""过时"的标签，以全新面貌出现在消费者面前。国人惊喜地发现，中国品牌已经不再止于模仿、复制、赶超，而是另起炉灶，走自己的路，并在很多领域都展现了成长的潜力，有的通过努力甚至已经开始成为本领域的开拓者和引领者。

国货在中国人日常生活中的渗透率快速提升，2020年《中国消费品牌发展报告》显示，当前国人的购物车里有八成是国货，国际品牌已不再享有天生被消费者偏爱的特权。时下一个好的趋势是越来越多的企业愿意投入到国产品牌的创造中，越来越多的消费者愿意为国货买单。相信在国货的不断进步下，不仅国人爱国货，在世界范围内刮起"中国美"风潮的那天或许离我们也不远了。虽然新国货很热，但也必须清醒地承认现实道阻且长，国货距离真正的世界大牌还有很长的路要走。

米格-25
效应

—— 资源的优化组合

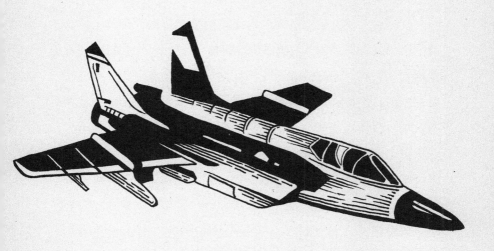

苏联研制生产的米格–25喷气式战斗机，以其卓越的性能而广受世界各国青睐，然而，众多飞机制造专家却惊奇地发现：单论个体，米格–25战斗机所使用的许多零部件与美国战机相比要落后得多，而其整体作战性能达到甚至超过了美国等其他国家同期生产的战斗机。造成这种现象的原因是，米格公司在设计时从整体考虑，对各零部件进行了更为协调的组合设计，使该机在升降、速度、应急反应等方面反超美国战机而成为当时世界一流。这一因组合协调而产生的意想不到的效果，被后人称为"米格–25效应"。

米格–25效应是指事物的内部结构是否合理，对其整体功能作用的发挥关系很大，所谓最佳整体，乃是个体的最佳组合。像木炭和钻石，同样的碳原子因为结构不同构成了完全不同硬度的东西。结构合理，会产生整体大于部分之和的功效；结构不合理，整体功能就会小于结构各部分功能相加之和，甚至出现负值。就像打扑克牌，单张不一定很大，但高手将手中的牌进行组合、搭配、调整顺序后，打出去力道生猛，照样可以取得胜利。

革命导师恩格斯曾经讲过一个法国骑兵与马木留克骑兵作战的类似例子：骑术不精但纪律很强的法国兵，与善于格斗但纪律涣散的马木留克兵作战，若分散而战，3个法国兵战不过2个马木留克兵；若百人对抗，则势均力敌；若人数再递增，千名法国兵必能击败一千五百名马木留克兵。法国兵在大规模协同作战时能够取胜，就在于充分发挥了协同作战的整体性能，这个例子也同样说明系统的要素和结构状况，对系统的整体性能，起着决定性作用。

米格-25 效应给我们的启示就是：也许最初组织中的单个个体不全是最优最好的，但最终组合在一起所形成的整体却是最强的，当然，旧貌换新颜并非自然而成，需要组织中的领导者对资源进行优化组合。只有尊重差异，重视不同个体的不同心理、情绪、智能、才能，相互吸收有益的东西，弥补各自的不足，通过资源整合，才能发挥整体大于部分之和的重要作用。

同样道理，每家企业都是由诸多不同的个体组成的团队，但团队的整体能力并非所有个体能力的简单相加，可能等于，也可能小于或者大于个体能力的总和，关键因素是个体之间的组合与协作程度。实践同情心证明：关系融洽、凝聚力强、意见统一、团结协作的组织通常能够更加顺利地完成任务；成员之间意见分歧、关系紧张、相互摩擦、凝聚力差、勾心斗角、一盘散沙的组织往往不能有效地完成任务。企业经营管理中时常发生这样的事情，为了同一个项目，同一家企业不同部门之间的员工窝里斗，相互拆台，这不仅浪费了人力、物力和财力，也贬损了企业的形象，在外界产生了不好的影响。

乌合之众与精锐之师的区别，主要就是看力量的分散和集中与否。人多力量大不假，但这有个前提，就是得把力量拧成一股绳才行。正如歌中唱的那样"团结就是力量"，在企业发展越来越依赖团队协作的知识经济时代，管理者不仅要重视个体能力的培养，更要注重团队精神的培育，通过个体之间的团结协作及团队内部合理有效的组合，产生协同效应，提高工作效率。

作为一名企业的管理者该如何提升团队的凝聚力呢？

首先要关心爱护员工。老干妈辣椒酱创业成功后，有人问不识字的创始人陶华碧，"你学过管理吗？""我没学过。""那你怎么管？""我当过妈妈！"其实管理有时没那么复杂，多用心就够了，就像爱自己的孩子一样去爱企业、爱员工。企业善待员工，对员工给予充分信任、关心，善于发现员工的长处和做出的努力，懂得激励鼓舞，包括企业内部晋升机制，PK机制，激励机制、薪酬机制等各种事关员工切身利益的政策清晰明朗、一视同仁，这样不仅仅换来员工对公司的忠心，还能激发员工的工作积极性。每个人都是自我利益的最好看护者，当企业内部上下同心，发展前景与员工的利益紧密相联的时候，员工的反馈行为自然是由"要我做"变为"我要做"。

就像一句老话所说的，"男女搭配干活不累"，在搭建团队时，

在可能的条件下管理者还要知人善任，综合考虑团队成员的性格、知识、技能、经验、潜能的互补性，尤其是潜能，团队协助中的化学变化往往是通过潜能激发实现的。一个不善言辞的技术大牛跟一个善于沟通的产品经理；一个经验丰富但是遇到了职业天花板的导师跟一个刚走出校门但是头脑灵活有想法和干劲的新员工，这样的配合可能让彼此取长补短，激发潜能。

其次要加强对话沟通。在日常的工作生活当中总会有员工遇到各式各样的问题，这种情况下要及时地和员工沟通并做好疏导工作，对员工充分信任和尊重，尽可能地采纳员工合理的意见。对管理者来说，对话沟通既能及时了解员工目前的困难所在，也能避免问题不断恶化，导致最后无法收拾。管理者对待员工的点滴善举会让员工从内心深处感念企业，无形当中提升了公司的向心力和执行力。

世界零售巨头沃尔玛公司创始人山姆·沃尔顿，早在创业之初就为公司制定了三条座右铭："顾客是上帝""尊重每一个员工""每天追求卓越"。沃尔玛公司的股东大会是全美最大的股东大会，每次公司都尽可能让更多的商店经理和员工参加，以便让他们了解公司全貌，增强主人翁意识，与公司"同频共振"。山姆·沃尔顿在每次股东大会结束后，都会和妻子邀请所有与会代表参加野餐会，在野餐会上和众多员工把酒言欢，大家一起畅所欲言。在这种场合，山姆·沃尔顿尽可能地多了解下面商店的经营情况，如果碰到棘手问题，他会在随后的一两个星期亲自赶赴现场去处理。山姆·沃尔顿说："我希望这种会议能使我们团结得更紧密，使大家亲如一家，更有热情及战斗力，为共同的利益而奋斗。"

最后要加强企业文化。文化是一个看不见、摸不着的东西，但文化的影响却深远之极。对于一个民族是如此，对于一个企业也是如此。所有做得大、做得好、走得长远的企业，无一例外都有自己独特的企业文化。华为的狼性文化，不只是内部管理严格，也让企业上下时刻充满危机感；阿里的武侠文化，六脉神剑的价值观、政委体系让很多企业效仿；腾讯的产品文化，百度的以结果为导向的文化等，都在助推企业发展成为行业"领头羊"上起到了无可替代的正向作用。企业文化就是通过建立共同的价值观念、企业目标，使员工具有高度的使命感和责任感，从而紧紧地团结在企业周围，凝聚成推动企业发展的巨大动力。企业文化看似空洞，但它实则是企业"内功"，是企业发展的核心动力，是企业管理最重要的内容。

团队协作不仅体现在企业对内一盘棋上，同时也体现在对外一杆枪上。企业在发展的过程中，有时需要借助其他企业的

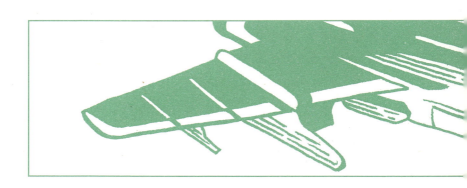

人力、技术、资金等资源为我所用，借力发展业务，创造共同利益，这个过程也被称为资源整合过程。例如，现在很多企业只做产品研发，将生产出来的产品找人代销；也有很多企业找人代工产品，只做营销；当然，还有像苹果、耐克等大企业，它们做的是品牌，其他的很多都依靠合作……这些都是对优势资源的整合。整合的关键是借力，只有资源互补，才可能从整合到融合，最后达到契合。

　　未来的社会将越来越开放，各种平台和通道越来越多，在这种情况下，能"整合"资源比能"产生"资源更重要。所谓整合，即把没有变成有，把有变成多。整合的最高境界是一切皆不为我所有，一切皆为我所用。从战略思维的层面上来说，资源整合是一种系统论的思维方式，它通过组织和协调产生一加一大于二的效果。只要掌握了资源整合的方法，也就拥有了企业高速发展的密码。相反如果没有掌握精髓要义，不能整合好这些资源，这些资源就不能自动创造更大价值。就像同样面

对一块石头，米开朗基罗能将其雕刻成《大卫》，普通建筑工只能够切割出建筑材料。

企业资源整合的方式方法多样，有并购、共享、交换、外包等多种形式，在实际运用中则法无定式，因时利导，企业可从实际出发，选择最有利于自身快速发展的一种模式。

企业并购是企业取得外部经营资源、谋求对外发展的策略之一，也是企业资源整合的常用方法。2015年8月，京东斥资43.1亿元收购永辉超市10%的股份。永辉超市是中国超市中较好的生鲜品供应商，京东斥巨资正是看中了永辉在生鲜方面的优势。在"京东到家"的业务分布中，提供"3公里内零售生鲜两小时送达"服务是其核心业务，而永辉分布在全国各地的300多家门店无疑为京东的迅速扩张插上了一双坚实有力的翅膀。有了永辉这样的合作伙伴，京东通往线下的发展道路会更加便捷顺畅。

京东并购永辉超市是一个典型的取长补短的案例，取永辉的长处，补自己的短处。京东老总刘强东清楚地认识到，短期内光靠自己的力量是无法在生鲜供应的垂直细分领域获得成功的，但是，与这些领域的行业领袖联手，规模就能迅速被扩大。完成并购后，企业有了更多资源，把这些资源合理组合好并借船出海，就可以发挥更大效益。

企业资源整合除了并购以外，还有一种重要形式，即共享。资源共享就是把属于本企业的资源与其他企业共享，其共享方式可以是有偿的，也可以是无偿的。资源共享一方面可以充分利用现有资源提高资源利用率，另一方面可以避免因重复建设、投资和维护造成的浪费，是实现彼此优势互补和高效、低成本目标的重要措施。特别是一些已经固化在企业组织内部的资源，如营销渠道、市场经验、客户数据库资料等无形资源，不便通过市场交易直接获取，要获取对方的这些独特的资源，必须与之建立合作关系，实现双方的共享和互补。

比如，客户资源共享。客户资源是企业发展最重要的资源，如何获得客户信息，是每一个营销人最关心的。能在不伤害客户感情、不侵犯客户隐私的情况下，与其他企业进行客户资料共享，双双扩大市场规模，确是一件皆大欢喜的事情。一般来说，企业之间如果要共享客户资源，必须保证两者服务的是相类似的目标客户群。例如，一家酒店和航空公司一拍即合，达成联盟，凡在酒店消费达到一定限额的顾客可获得一张该航空公司的免费机票；反之，在航空公司累积飞行达一定里程的顾客也可免费入住该酒店。两者能实现客户资源共享是基于：经常飞行的消费者往往也是酒店的频繁光顾者，而且一般都是高级商务人士。目标顾客群高度重合是双方合作成功的重要原因。

在现代企业未来的发展历程中，资源整合将是一个主旋律。就像一位企业老总所强调的一句话：这个世界是瞎子背着跛子共同前进的时代！21世纪注定将是一个合作共赢的时代、一个资源共享的时代、一个优势互补的时代，一个人能够与多少人合作就能成就多大的事业，一家企业能与多少企业合作就能成就多大的平台。学会整合思维，有助于企业更好地实现快速扩张。

骑马
思维

—— 企业制胜之道

古代的欧洲有一个国王，他为了在两个儿子中挑选继承人，就给他们出了一道难题："给你们两匹马，白马给老大，黄马给老二，你们骑马到清泉边去饮水，谁的马走得慢，谁就是赢家，就是我的继承人。"面对约束条件，老大想用"拖"的办法取胜，而弟弟则一把抢过老大的白马飞驰而去。结果，弟弟胜了，因为他骑的是老大的马，老大的马率先撞线，自己的马自然就落到了后面。

这就是著名的"骑马思维"，骑马思维说穿了就是一种逆向思维、创造性思维，是对那些似乎已成定论的事物或观点反过来进行思考的一种思维模式。骑马思维的特点就是不按常理出牌，跳出固有思维去看待问题、解决问题。网络中有一个段子，大爷去买菜，拿了三个西红柿，老板过了称，共一斤六两4块8；大爷拿掉中间一个最大的，说买不了那么多；老板看了眼称，一斤三两3块9；大爷扔了9毛钱，拿着刚刚放下的最大的西红柿走了，只剩下小贩老板在风中凌乱。

马克思曾经说过："假如没有小偷，锁会达到今天这样完善的程度吗？假如没有假钞票，钞票的制造会有这样精美吗？"在马克思看来，锁的制造日臻完善，钞票的印刷日臻精美，固然取决于生产者的努力，但引起这一努力的根源却应该到事物的对立面去寻找。

人类的思维具有方向性，存在着正向与逆向之差异，由此产生了正向思维与逆向思维两种形式。一般认为，正向思维是指沿着人们的惯性思维去思考，而逆向思维则是指背逆人们的惯性思维去思考。正向思维在人类的思维活动中占据主导地位，人们解决问题时习惯于采用正向思维，并且处理解决了大量的常规问题。然而，现实中也有很多难题，利用正向思维苦思良久，不得其法，这个时候你不妨停住，静下心来，颠倒个方向，换个思路再去考虑这个问题，反而可能会拨云见日，取得意想不到的效果。用一句话概述，逆向思维更容易让你快速找到解决问题的核心和本质。

在19世纪30年代的欧洲大陆，一种方便、价廉的圆珠笔在市面上开始流行，制笔工厂开始大量生产圆珠笔。但不久却发现圆珠笔市场严重萎缩，原因是圆珠笔前端的钢珠在长时间的书写后，因摩擦而变小，继而脱落，导致笔芯内的油漏出来，弄得满纸油渍，给书写工作带来了极大的不便。人们开始厌烦圆珠笔，索性不再用它了。

一些科学家和工厂的设计师们为了改变"笔筒漏油"这种状况，做了大量的实验。他们从圆珠笔的珠子入手，实验了上千种不同的材料来做笔前端的圆珠，以求找到寿命最长的圆珠，最后甚至都找到了钻石这种材料。钻石确实很坚硬，不会变形漏油，但是钻石价格太贵，实在是用不起。为此，解决圆珠笔笔芯漏油的问题一度被搁浅。后来，一个叫马塞尔·比希的人却很好地解决了圆珠笔漏油的问题。他的成功得益于一个想法：既然不能延长圆珠的寿命，那为什么不主动控制油墨的总量呢？于是，他所做的工作只是在实验中找到一颗"钢珠"在书写中的最大用油量，然后每支笔芯所装的油都不超过这个最大用油量。经过反复的试验，他发现圆珠笔在写到两万个字左右时开始漏油，于是就把油的总量控制在能写一万五六千个

字。超出这个范围，笔芯内就没有油了，自然也就不会漏油。这个大难题解决了之后，方便、价廉又"卫生"的圆珠笔又成了人们最喜爱的书写工具之一。

马塞尔·比希发现解决足够结实又廉价的圆珠这个问题比较困难，便将问题转换为控制最大用油量，运用逆向思维使原本棘手的问题得到了巧妙的规避，并且不需要耗费多大的精力和财力。

出现了问题，自然要寻求合适的解决办法，如果按照循规蹈矩的思维方式，往往摆脱不掉习惯的束缚，最终得到的也只是一种人云亦云、墨守成规的答案，或者干脆走进了死胡同。但是任何事物都有多面性和相对性，有时当正向思维走进死胡同的时候，换个维度、角度思考问题，会让人有"山重水复疑无路，柳暗花明又一村"的惊喜。逆向思维就是"头脑风暴"，日常培养你的逆向思维模式，可以使你的思维更活跃，想法更别致，遇到问题能用常人想不到的方式解决！人爬楼梯是人动，楼梯不动。动用逆向思维，如果人不动，楼梯动，就有了今天的扶梯。保暖瓶能够保暖，如果"保冷"就是今天的冰箱。

逆向思维正在悄然改变我们身处其中的大千世界，带给现代人太多全新的体验和便利。以前我们外出打车的时候，必须到马路边去招手等待出租车到来，后来有了各种叫车软件，只要下单后，就会有司机把车开到你面前。

以前我们在饿的时候都要去饭馆吃饭，后来出现了外卖，只要你在 App 软件中点好饭，用不了多久，就会有人把饭送到你手中。

过去我们买东西的时候，必须去商场超市，后来出现了网上购物，只要你在网上选好你想要的东西，过几天，就有快递小哥送到你面前。

在企业发展中，两种不同的思维方式导致了两种完全不同的发展状态。传统的正向思维尽管稳妥，但顶多使企业小步幅、

多阶段、渐进式增长，而逆向思维尽管有风险，但可能驱动企业大步幅、同步化、跨越式成长，创造逆风起飞、弯道超越的奇迹！

　　运用逆向思维有助于产品开发创新。一个企业的核心问题是产品问题。随着生产力的发展和效率的提高，市面上很多的商品已不再是供不应求，而常常是供大于求；顾客的消费需求也越来越复杂多样；市场竞争日趋激烈，产品换代日新月异。面对上述形势，开店办厂切不可人云亦云，人热我也热，应当开动脑筋，拓展思路，推出别具特色的新产品，大胆运用逆向思维，多发一些奇想，多玩一点绝招。如能这般，企业或许能闯出一片新的天地。比如市场和消费者喜欢时尚，"喜新厌旧"是不变的规律。迪士尼的米老鼠虽然可爱，但看得太久也会生腻。前些年一款"愤怒的小鸟"游戏横空出世，虽然小鸟面部表情愤怒无比，有悖常人的审美情趣，却让全球苹果手机拥有者眼前一亮，并为之发狂。这款游戏最初的开发费用仅为 10

万欧元，但在苹果 IOS 平台上每月取得 100 万美元的上佳收益，"愤怒的小鸟"一时间俨然成为引领全球的流行文化符号。

运用逆向思维有助于企业开辟新的市场。创造、开辟新的市场是企业家的职能之一。如果企业家能运用逆向思维，对人们不屑一顾或意想不到的领域进行思考，就能逆"热"而求"冷"，开辟出新的市场。第二次世界大战以后，日本的经济发展很快，当时很多公司都把目光投向某些利润颇丰的领域和产品上，投向具有广阔市场的人们急需的生产和生活用品上。许多经营者都梦想成为钢铁大王、汽车大王、电器大王，然而日本尼西奇公司董事长多川博却独具慧眼，有意避开蜂拥而至的热门领域，专心开发被人忽视的冷门领域，他选择了市场相对狭小、看似利润低微但竞争阻力却较小的婴儿尿垫作为企业的专营产品，成立了尼西奇尿布公司。"尼西奇尿垫"投放市场后，深受婴幼儿妈妈们的欢迎。不久，公司就在竞争中站稳了脚跟，垄断了日本尿垫市场，并使产品远销至多个国家和地区，同丰田汽车一样在世界享有盛名。这种开辟新市场的逆向思维方法，现在已被越来越多的经营者运用。当许多服装设计师、服装厂把目光投向身材苗条的中青年顾客，纷纷设计生产标准型号的新装时，有的经营者却"反弹琵琶"，把目光转向了那些身材异常肥胖的顾客；当许多经营者的目光盯着儿童时，有的经营者却把注意力转向老年人，产生了"曲径通幽"的奇效。

运用逆向思维有助于企业经营方法创新。经营技巧和经营方法是市场营销的关键，也直接影响到产品价值的实现。在消费者需求越来越高，眼光越来越高，"伺候"难度成倍增加的情况下，产品营销也越来越难，既然传统营销方式不大顶用，咱就变换策略。你说产品过于单调，咱就来个跨界；你嫌产品不够吸引人，那咱就来个混搭，总有一款适合你。

近些年来不少中华老字号放下身段，告别了传统的"一招鲜吃遍天"的产品结构，在已有民众口碑优势的基础上，探索创新跨界混搭营销模式，其所擦出的"火花"，已成遍燃之势。在北京王府井，许多年轻人驻足在吴裕泰实体店前，排队购买吴裕泰推出的抹茶冰淇淋以及奶茶。吴裕泰作为老字号茶庄，敏锐把握市场发展的脉搏，根据年轻消费群体对于饮品喜好的变化来创新产品，开发了许多茶叶衍生品，成为年轻群体心中的"网红小吃"。从茶味冰淇淋，再到太妃奶茶、蜜桃菠萝果茶、抹茶年轮蛋糕、抹茶饼干、茶味口香糖等，吴裕泰成功"圈粉"了年轻消费群体。

不止吴裕泰一家，众多老字号不约而同地走上年轻的路，用年轻的方式倚"老"卖"新"，焕发出新的生机和活力。六神花露水味鸡尾酒、大白兔润唇膏、冷酸灵火锅味牙膏、泸州老窖香水、999感冒灵秋裤……这些老字号推出的跨界新产品引人注目，吸引了众多消费者。老字号变"潮"的背后，体现的是对创新的不懈追求。

运用逆向思维有助于企业和产品形象创新。随着市场经济竞争的日趋激烈，企业越来越注意企业和产品形象，纷纷大打广告以各种溢美之词来宣传自己及所拥有的产品，借此提高知名度，获得公众的注意和青睐。企业推送自身形象通常都是用正面描述的形式突出产品特性，但是美国有一家叫福乐鸡的炸鸡店却反其道而行之，它们品牌的吉祥物居然是奶牛。为啥一家做鸡肉的店吉祥物不是鸡而是奶牛？其实细想一下就能想通了，鸡肉作为食物最大的竞争对手是什么？是牛肉，鸡肉汉堡抢夺的是牛肉汉堡的市场份额，鸡肉三明治抢占的是牛肉三明治的市场……因此，福乐鸡特意用牛来做卡通代言人，广告中憨态可掬的卡通奶牛举着一个牌子，上书四个字"多吃点鸡"，这种蕴含黑色幽默的风趣广告一下引起许多人的注意，福乐鸡为此名声大噪，目前在美国餐厅中顾客满意度排第一。

众所周知，设计中使用色彩的表现能够影响人的情绪，不同的色彩蕴含着不同的设计意义，传统食品包装设计的色彩常用明度和纯度较高的颜色以激发消费者的食欲。但大家都沿着这样的思路去搞开发设计，则容易使产品的外包装形象变得极其相似，甚至会产生审美疲劳。近年来可口可乐公司推出了一款"酷黑"新产品。设计一反以往的惯用做法，用纯黑色代替人们熟悉的大红色，这种看似违反常识的包装设计，或者说是颠覆产品之前形象的设计，使得新品在超市货架上非常抢眼，受到消费者的格外青睐。

总而言之，逆向思维对于企业家研究消费动态，开发适销对路的产品，开辟新的市场，创造新的营销方式等都有不可低估的作用，每个企业的经营管理者都应努力学会并自觉运用这种思维方式，敢于从事物的对立面思考问题，去发现问题的实质和理想答案。境由心生，命由己造，思维一变，你的世界就会随之拓展、改变，它会让你推开一扇窗，看到一片不同的天空，这是一个企业在激烈的市场竞争中生生不息、基业长青的不二法门。

木桶
定律

—— "避短"与"扬长"

一个木桶是由众多木板箍在一起的，人们发现它能盛多少水，不取决于桶壁上最长的那块木板，而取决于桶壁上最短的那块木板。如果其中一块木板很短，那么木桶的盛水量就会很少，因为即使放入很多水，多余的水也会从短板处流出来。这块短板就成了这个木桶盛水量的"限制因素"。如果要想使木桶的盛水量增加，只有换掉短板或者将短板加长才有可能，否则没有办法增加木桶的盛水量。人们把这一规律总结为"木桶定律"。这一理论是典型的来自现实生活的阅历总结，简单明了，直观形象，但又寓意深长，让人回味。

木桶定律侧重强调系统的作用，只有每个环节都发挥到位了，才能提高总体效能。但天不遂人愿，构成整体的各个部分、个体往往是优劣不齐的，而劣势部分往往决定整体的水平。比如说，我们用的智能手机，主板、芯片、内存、显卡相当于木桶的各个组成部分，芯片太差劲、运行内存太小，即使其他零件再强大，也会严重影响手机的使用性能。

还比如，一个学生能不能考上好的大学，不是取决于你最好的科目的成绩，而是你最差的科目的成绩。大学招录是看你的高考总分，你如果偏科，有一个科目成绩很差，那它就会成为你考上好大学的致命"短板"。想要上好大学，唯一的办法就是提高最差科目的成绩，不要让它拖你后腿。

如果把企业看作一只木桶，那么企业的研发、生产、质量、技术、市场、销售、物流、资金、信息以及人力资源等就是组成木桶的木板，制约企业发展的永远是那块"短板"。

例如，一个企业的营销能力、研发能力等都特别强，但如果产能跟不上，那么企业发展就会受到严重影响。同样，一个企业的研发能力、生产能力、资金势力等都特别强，但就是叫卖的功夫欠点火候，产品叫好不叫座，营销能力便制约了企业的发展。事实上，任何企业都有一个共同的特点，即构成企业的各个部分往往是参差不齐的，而薄弱环节往往决定着整个企业的发展水平。问题是"最短的部分"又是企业不可缺少的部分，你不可能把它当成烂苹果给扔掉，否则你会一点水也装不了。劣势决定优势，劣势决定生死，这是市场竞争的残酷法则。它告诉领导者：在管理过程中，要下功夫狠抓单位的薄弱环节。

不仅可以把一个企业看作一只木桶，还可以把企业下属团队、班组看作一只木桶，而木桶的最大容量则象征着整体的实力和竞争力。一个团队是由多个个体组成的，在这个团队里，决定整个团队战斗力强弱的不光是能力最强的人，还有那些能力最弱、表现最差的人。我们经常说的一颗老鼠屎坏了一锅粥，就是这个道理，某个绩效差的人搅和其中，可能导致团队内部出现互相扯皮、决策低效、实施不力等问题，这些都严重地制约着企业的发展。因此领导需要重点关注团队里的"短板"成员，需要想办法来提高"短板"的高度。只有这样才能实现整个团队的进步，提高团队的战斗力。

现在就有不少公司利用木桶效应的原理来管理团队，如实行末位淘汰制度，通过淘汰团队中最差的一位，以提高团队的平均实力。众所周知，华为多年一直坚持末位淘汰员工制，从而保证了其团队的狼性和高效性。华为总裁任正非曾在一次内部讲话中说："每年华为要保持5%的自然淘汰率。"任正非认为通过淘汰 5% 的落后分子能让员工更有危机感，更有紧迫意识。员工为了不被淘汰，就必须不断地提高自己，调整自己，以适应公司的要求和发展形势。而这种能上能下、有进有出的竞争机制也的确给华为带来了生机和活力。

推而广之，由许多块木板组成的"木桶"不仅可象征一个企业、一个部门、一个班组，也可象征个人。

在成长过程中，我们每个人都不是十全十美的，都有或多或少的"短板"。它包括我们生活中的恶习、妒忌、贪婪、自卑、忧虑、懒惰、马虎等。这些缺点和毛病，致使一些人在生活和工作中失误频出，制约了个人才能的充分发挥。有时候，一些不良习惯甚至有可能毁了之前所有的努力，彻底葬送一个人的事业。

在古希腊神话中，有这样一个让人记忆深刻的故事。阿基里斯是神话中的第一勇士，他的母亲是海神之女，在他出生的时候，母亲将他浸入冥河中为他洗礼，因此他全

身百毒不侵，任何利器都伤害不了他。在漫长的特洛伊战争中，阿基里斯一直是希腊人最勇敢的将领。他杀敌无数，数次使希腊军反败为胜；他所向披靡，敌人见了他都会望风而逃。

但是有一点除外，阿里克斯的母亲将他浸入冥河时，是倒提着他的右脚踝的，因而其右脚踝没有浸入冥河中，于是"阿基里斯之踵"就成了这位英雄的唯一弱点。这个世界是公平的，在十年战争快结束时，太阳神阿波罗在旁人指点下，用一支毒箭射中阿里克斯的右脚踝，这位不败的勇士最终中毒而亡。

这虽然是神话里的故事，但是却告诉我们：决定自己人生高度的，不是自己最长的那块"木板"，而是自己最短的那块"木板"。你的"长板"再长也不能改变自己的命运，因为那些"短板"总会把你拖回原处。所以生活中，千万不要让自己的"短板"成了自己致命的因素。

对个人来言，取长补短就是要注意自己的薄弱环节，及时发现并补足，这样才能避免某种局限或者缺点限制了个人发展的空间。在人生的竞技场上，人们都愿意用自己的"长板"立足于社会，却忽略了决定自己立足点的不仅仅是这些"长板"，还有那些被视为弱点的"短板"。如果你个人身上某个方面是"最短的一块"，那就应该以积极的心态树立克难补短的信心和勇气，通过主动将"短板"加长来不断地完善自身，实现人生的飞跃。

木桶定律除了上述"取长补短"的含义外，还可以从"扬长避短"这个角度做新的注解。从经济学中的配置角度来讲，把长木板和短木板放在一起做成一只木桶，实际上是糟蹋了长木板，形成资源的极大浪费。在这里，长木板起到的作用等同于那只最短的木板，长木板比短木板多出来的局部资源没有发扬任何效益。相反，假如把长木板放在一起，再把短木板放在一起，做成两只木桶，那么资源将得到最大限度的利用。所以说，我们要注重的是不能把长短木板混在一起做一只木桶！它们各有各的最佳用途，各自都有自己的最佳位置！

这一点也就是闻名的"鞋底鞋帮同时坏"的道理；假定鞋底是用"短木板"做的，穿不了多久就坏了，那么用"长木板"做的鞋帮也同时失去了作用，就造成了资源的浪费和不经济。假如鞋底和鞋帮都用长木板，那么经久耐用，可以卖出一个好的价钱；假如二者都用短木板做，那么就卖一个低一些的价钱。从整体上来看，不同社会资源各得其所，都得到了最优的配置。

尤其在今天的互联网时代，基于分工的精细和效率的提

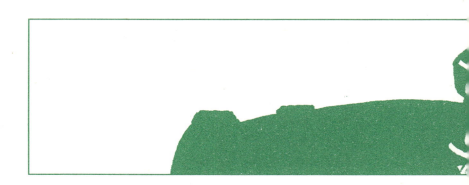

高，企业没有必要把每块都做强，而是应倾力把一块板做到极致：如淘宝做好了交易平台；苹果做好了产品；小米做好了粉丝互动；百事可乐做好了品牌；海底捞做好了服务。所以当代的企业只需要有一块足够长的长板，以及一个有"完整的桶"的意识的管理者，就可以通过合作的方式补齐自己的短板。

如果财务不够专业，可以聘用优秀的会计师；如果在人力资源上欠缺，可以聘用猎头或者人力资源咨询机构；如果市场、公关是短板，有大量优秀的广告和宣传公司为你量身定做；同样的还有法律服务、战略咨询、员工心理服务……当然我们也要看到，企业这样做并不是说它不管自己的短板了，它只是用别人的长板弥补了自己的短板，从而让自己更强。这里所说的木桶定律更强调单方面的核心竞争力，通过把自己的长板做长，融入到强大的系统，组成一个更大更强的木桶，从而更好地发挥自己的特长。

同样道理，在当今专业化分工的时代，一个人很难没有短

板，与其去努力补足自己不擅长的东西，还不如将时间和精力放在自己擅长的领域，那样会达到一个更好的效果。也就是说我们要扬长避短，充分发挥自己的优势，做好自己最擅长的事，这样更容易成功。古典名著《西游记》里的取经团队相当于现代公司中一个专业分工明确的团队，里面每个人的优劣势都非常明显。与其让唐僧去弥补不会跟妖精打斗的短板，不如让他一心向佛成为团队的精神领袖；与其让孙悟空去改善暴躁的脾气，不如让他多打几个妖怪；与其让猪八戒改掉贪吃好色的毛病，不如让他插科打诨做团队的黏合剂；与其让沙和尚提升战斗技能，不如让他任劳任怨挑担喂马。

中国有句老话："金无足赤，人无完人。"好的团队应该是发挥每个人的长板，而不是刻意强调每个人都去弥补自己的短板。有的人几十年一直是内向的性格，是沉迷于技术的员工，你让他锻炼自己多去跟外界交流，可能成效就不大；而有的人则恰恰相反，善于交际，搞客户关系，你让他沉下心来做复杂的技术攻关也很难有什么收获。

现今走红歌坛的歌手李健，他本是一名清华理工男，在参加央视节目《开讲了》，谈及自己如何走上音乐之路："我在大学里学的电子工程专业，舍友们总是不费什么力气就能考到九十七、九十八分。但对我来讲不一样，我可以通过努力、勤奋，考到六七十分、顶多八十分就算不错了。但是我参加的一些歌唱比赛，基本上都是第一名。"李健毕业后工作了几年，终于想清楚了自己适合干什么，然后干脆利落地辞了职，拉着校友共同创立水木年华，开始走上专职音乐人的道路，并且在短时间内迅速红遍整个中国乐坛。

　　按照木桶定律引申出的"扬长避短"的新意，我们的企业要找到核心竞争力，然后做好它；我们自身的成长，就是在自己最擅长的领域内深耕细作，努力提升自己的硬实力，打造一项常人难以企及的专长。

　　通过以上的分析，可以看出木桶定律其实点明了两个道理，一个是提倡取长补短，一个是强调扬长避短，两者听起来都不无道理，也都具有实践指导性，而且两者从根本上并不矛盾，"补短"也好，"扬长"也好，只不过是所强调的侧重点不一样，实际上木桶定律真正揭示的是，无论是企业抑或个人，要想成功取决于能否突破关键限制因素。所谓"关键限制因素"是指在特定阶段限制企业或个人进一步向前完成设定目标的关键因素。如果这些因素不突破，那么对其他非限制环节的提升几乎没有意义。到底是取长补短还是扬长避短？这取决于现在的"关键限制因素"是什么，是缺点太明显，还是优势不够突出？如果是缺点太明显，那就抓紧弥补劣势，避免使之成为"阿基里斯之踵"；如果是优势不够突出，那就努力塑造强大的差异化的竞争力，并充分展现出来，让外界刮目相看。只有相机抉择，具体问题具体分析，企业和个人才可能在这个充满竞争的时代里，搏得上位，取得成功。

破窗
理论

——"破坏"创造财富？

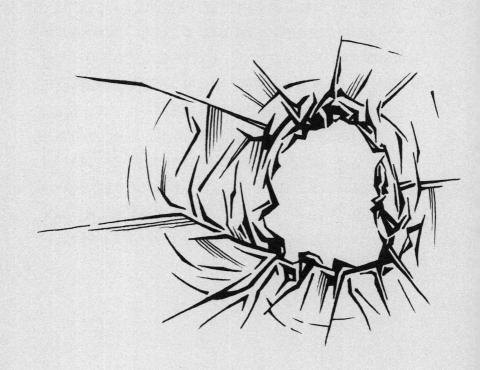

　　美国著名经济专栏作家黑兹利特在他的一本小册子中讲过这样一个故事，一群无事生非的顽劣孩子，打闹时用砖块打碎了面包店的橱窗，然后不见了踪影，找也找不到。面包店老板长吁短叹，一边对孩子骂骂咧咧，一边感叹自己运气不好，又要花钱换橱窗。有的人应和着老板的话：这帮熊孩子真可恶，老板你也别气了，赶紧换了吧。有些人则说：老板你这么想就不对了。你想啊，你要是换橱窗，你得请人修理，还得买玻璃。你看，你养活了修理工人，养活了玻璃销售商、制造商等，他们又将收入用于支出，增加了其他卖者的收入，如此循环往复，支出将以乘数扩大，带给周边人更多的收入和就业，你这是做了一件多么大的善事啊！

　　黑兹利特说，小孩的顽皮之举给社会造成的损害只是一次性的，可是给社会带来的机会却是连锁性的。在这种不断扩大的循环中，破窗行为为社会提供了金钱和就业机会，最终成了带动经济发展的"火车头"。黑兹利特的这个思想，在经济学上被总结为"破窗理论"。

　　破窗理论实际上是典型的"破坏创造财富"思想，"破窗"能否带来经济的增长？对此学术界一直有不同的意见。有人认为破窗对经济增长起着不可忽视的作用，如20世纪30年代美国经济大危机中，凯恩斯认为，资本主义社会之所以会有大量工人失业，发生经济危机，主要是由于有效需求不足，要解决这个问题，必须从鼓励消费和鼓励投资这两个方面来刺激有效需求。老百姓手中没有钱，他就主张国家多负起直接投资之责。政府直接投资，就要大量增加财政开支，钱从哪来？自然是大量发行国债，实行赤字财政。

凯恩斯提出，为了摆脱危机，即使国家雇佣大批劳动力随意在地球上挖窟窿，或者国家把装满钞票的瓶子埋进废矿里，然后租给资本家，让他们雇佣工人再把它挖出来，这些都是生产性的，都是可行的。凯恩斯甚至还说，必要时，可以不惜发动侵略战争来增加消费。凯恩斯此言一出之后，后世有的经济学家就把破窗理论应用于像洪灾、地震、战争破坏性事件之中，认为这些破坏性事件虽然造成很大的经济损失，但是将带动需求链条，从而推动经济的发展。

另一方面，也有许多经济学家对此嗤之以鼻，认为破窗根本不利于经济增长，因为破窗带动的经济效用是以另外一部分负效应为代价的，整个社会上的资源并没有增加。邻居家的窗户打破后，邻居不得不支付意外的费用，即安装新的玻璃，他将损失一些钱。也许，他本打算用这笔钱买套衣服，但现在他的计划不得不泡汤了，这样看来，玻璃商得到的商机只不过是制衣商损失的商机。从社会的角度讲，社会有了一扇新窗户，但它损失了旧窗户和一套新衣服。在净余额中，社会状况并没有得到改善。所以小孩砸烂玻璃是破坏而不是建设。这两种截然相反的观点表面上看起来都有一定道理，那么究竟哪一种观点对呢？

事实上，前面的两种观点都有些片面，没有从根本上说明破窗与经济增长的关系，它们忽略了很重要的一点，就是潜在的购买力与现实的购买力之间的关系。破窗行为要成为经济增长的推动力，必不可少的重要环节就是把潜在购买力转化为现

实购买力。小孩打破了邻居家的玻璃，邻居就被迫把自己家里的储蓄（潜在购买力）拿出来购买玻璃（转化为现实购买力），于是生产玻璃的企业就会扩大就业，从而推动社会财富的增长。这里会出现两种情况：其一，如果邻居用于购买玻璃的收入本来是打算用来购买衣服的，那么小孩打破邻居窗户玻璃的行为迫使邻居把用于购买衣服的钱转而用于购买玻璃，这时，玻璃企业增加的就业或收入就相当于衣服企业减少的就业或收入，权衡两者，无非是拆东墙补西墙，小孩的这种破坏行为并不能促进经济增长。

其二，如果邻居用于购买玻璃的收入本来就是暂时不用的储蓄，也就是说即使小孩不打破玻璃，他也不会用那部分收入来购买衣服，其潜在的购买力不会转化为现实的购买力。但有了小孩的破坏行为，就迫使邻居把那部分收入变成现实的购买力，从而促进玻璃企业的就业和收入的增加，进而推动了整个社会就业及经济增长。

由此可见，如果邻居本来就打算把用于购买玻璃的收入来购买衣服，那么小孩破窗行为对经济增长没有任何作用；如果邻居用于购买玻璃的收入本来就不打算购买任何物品，那么小孩子破窗行为就会推动经济净增长。显然，前面所述的经济学界的两种观点都没有直接切中问题之要害，所以无法对破窗与经济增长之间的关系给出让人信服的解释。破坏性事件是否有利于经济的增长，关键是看用于弥补破坏性资源所用的收入的本来用途。很显然，如果按第一种观点简单地判断破窗能够促进经济增长，那么按照以上的逻辑，在现实中我们只需要不断搞破坏就能发展经济，这显然违背基本常识，无疑是一种谬论。

任何经济理论都是以一定的条件为前提的，离开了具体的条件很难判断一种理论是正确还是错误，所以必须放在特定的条件下去考察。我们不能仅仅简单地就破坏性事件是推动还是阻碍经济增长作出回答，而应该透过现象看本质，通过事件与

经济增长的内在联系来进行全面的、辩证的思考。

比如我国当前GDP增长的过程中部分地区就存在"破坏"创造财富的认识误区，我们有必要按照上述的分析方法对其做一番剖析。客观来看，GDP是反映国家综合实力、经济水平的一个"显示屏"，GDP数值增高意味着经济形势向上向好，对普通百姓而言，意味着社会整体就业形势不错，老百姓收入也会增长，所以GDP的增长还是非常重要的，这个指标不可不要，也不可不增长。但是，我们切不可对GDP盲目崇拜，将其视为唯一的指标，过分追求绝对数字的增加。在肯定GDP作用的同时，也要看到其在计量财富方面的缺陷。

简言之，GDP衡量一切，但并不包括所有让我们生活有意义的东西。著名经济学家曼昆在所著的《经济学原理》中对GDP做了这样形象的评论："GDP没有衡量我们孩子的健康，但GDP高的国家负担得起孩子更好的医疗保健。GDP没有衡量孩子们的教育质量，但GDP高的国家负担得起更好的教育

费用。GDP 没有衡量我们的诗歌之美，但 GDP 高的国家可以教育更多公民阅读和欣赏诗歌。"

首先，GDP 的统计方法有些良莠不分，它把对经济增长有积极贡献和有负面作用的部分都记录在案。而现实中有些促进经济发展、迎合百姓迫切需求的要素，比如充分就业、社会和谐稳定等却并不计算在 GDP 之内。其次，GDP 计算的是从事生产活动所创造的增加值，至于社会成本如何、生产效益如何，产品能否销出去，报废、积压、损失多少，真正能用于扩大再生产和提高广大居民生活的有效产品增长多少，它本身是体现不出来的。

一位德国学者和两位美国学者在合著的《四倍跃进》一书中，对 GDP 这样描写："乡间小路上，两辆汽车静静驶过，一切平安无事，它们对 GDP 的贡献几乎为零。但是，其中一个司机由于疏忽，突然将车开向路的另一侧，连累到达的第三辆汽车，造成了一起恶性交通事故。'好极了'，GDP 说。因为，随之而来的是：救护车、医生、护士，意外事故服务中心、汽车修理或买新车、法律诉讼、亲属探视伤者、损失赔偿、保险代理、新闻报道、整理行道树等，所有这些都被看作正式的职业行为，都是有偿服务。即使任何参与方都没有因此而提高生活水平，甚至有些还蒙受了巨大损失，但我们的'财富'——所谓的 GDP 依然在增加。"书中最后指出："平心而论，GDP 并没有定义成度量财富或福利的指标，而只是用来衡量那些易于度量的经济活动的营业额。"

除此之外，我们可能都听过一个耳熟能详的讽刺 GDP 数字的笑话。有两个经济学家走在路上，看到了一坨大便，其中一个就跟他说：你把这泡屎吃了，我给你 1000 美元，那个觉得很划算就吃了，拿了 1000 美元在手里面，结果走着走着又碰到一泡大便，吃掉屎的这位就对另外一个人说：你把这泡屎吃了，我就给你 1000 美元，想了想他也把屎吃了，把 1000 美元收回来。这时两人面面相觑，进而大笑：我们两个人各吃了一泡屎，实际上"毫无所获"，但却创造了 2000 美元的 GDP。

确实，经济增长不等于社会发展，任何经济数字都可能有它的"陷阱"。在现实生活中我们能看到，天灾人祸和灾后重建让 GDP 增长，"拉链工程"也能让 GDP 增长。城市不断建路修桥盖大厦，由于质量原因，没多久就要拆除翻修，马路拉链每次豁开，挖坑填坑，GDP 都增加了一次。甚至有人开玩笑地说只要你修了——最好修得质量差点，那么你一辈子就有事可干，有钱可赚了。

玩笑归玩笑，实际上没有质量的生产活动，是不可能带来社会财富的累积的。固定资本的质量不好，没到使用期限就不得不报废，那么固定资本形成的总额再多也不能提高国民财富。当你要拆除"豆腐渣工程"再重建时，在计算中这项"豆腐渣工程"不仅要从国民财富统计中剔除，而且为了重建又消耗了一次自然资源。从国民财富的角度看，国民财富不仅没有增加，反而减少了。正像被砍伐的森林，算作了当年的 GDP，但对国民财富却是负积累。靠破坏来实现高增长率，不仅实现不了发展，还会贻害无穷。

经济发展包含量和质两个方面，从量上来说经济发展指的就是经济总量即 GDP 或人均 GDP 增加；从质上来说经济发展是指经济结构的改善、效益的提高。就我国经济发展来看，2020 年，我国 GDP 总量首次突破 100 万亿元，经济总量已多年位于世界第二位，但质量不高问题依然较突出。主要表现在：一些地方政府片面把经济增速作为经济发展的生命线，更多依靠物质资源的大量投入驱动增长，无效投资甚至负效投资巨大，如工业化、城镇化过程中产生的许多不应当有的拆迁、"马路工程"以及相当多产业的产能严重过剩等；招商引资抱着"拣到筐里都是菜"的思维，以牺牲环境为代价，极大地危害了广大群众的身体健康；产业结构和产品结构不合理，产品技术含量和附加值低等，这些问题使一些地方 GDP 增长的同时，老百姓的幸福感却越来越低。我国的经济总量大了，但存在虚胖的现象。正如习近平总书记所指出的，一个国家只是经济体量大，还不能代表强，必须提高经济增长的质量和效益，宁可将增长速度降下来一些，任何一项事业，都需要远近兼顾，深谋远虑，杀鸡取卵、竭泽而渔式的发展是不会长久的。

今天中国特色社会主义进入了新时代，我国经济发展也由高速增长阶段转向高质量发展阶段。在新的起点上，我们不能一味追求经济增长速度，而是要更加注重经济增长质量和效益，既要好看的"面子"，更要追求实实在在的"里子"。通过坚决贯彻创新、协调、绿色、开放、共享的发展理念，解决好发展不平衡不充分的问题，实现更高质量、更有效率、更加公平、更可持续的发展，满足人民对美好生活的需要。

穷庙
富方丈

—— 代理成本

　　从前有座寺庙，整个庙宇年久失修，破破烂烂，住持老僧也是衣衫褴褛，一副苦行僧的模样。在香客的眼里，老僧天天暮鼓晨钟地吃斋念佛，煞是敬业。大家看其人穷志坚，倒也经常到寺庙布施，万万没想到老僧居然是个"两面人"，他把香客捐资修庙的钱全部据为己有，并偷偷地埋在后山上。终于有一天老僧乘人不备，把积攒的钱席卷一空不辞而别了。于是众人惊呼上当，也就有了"穷庙富方丈"之说。

　　"穷庙富方丈"现象揭示的是经济学中研究的一个现实中普遍存在同时又较难解决的问题：委托—代理关系。问题难就难在委托人和代理人之间的利益并非完全重合，且彼此间信息不对称，委托人不可能像代理人那样全面、准确、及时地掌握相关信息，代理人就有可能利用信息优势，采取机会主义行动，背叛委托人的利益而谋求自己的利益。

　　比如我省吃俭用，用半生的积蓄好不容易买了房，后面找了一个装修队帮我装修，假设签好合约规定装修费为50万元。通过支付装修费，我租借了装修队里的所有成员的装修技能，包括水电工、木匠、砖瓦匠、油漆工等。

　　但即使有白纸黑字的合同在那里，作为房主的我还是会面临一个监督难的问题。因为我不是装修专业人士，而且施工队装修时我也不可能每时每刻都在现场。对于装修队来说，他们装修的不是自己家的房子，因此在这个雇用关系中，主人和代理人的利益并不一致，甚至有冲突的地方。对于主人来说，追求的利益是用最好和最健康的材料，完成最漂亮和最耐久的装修。而对于装修队来说，追求的利益是花最小的成本、最快的时间把这笔钱赚了以后去做下一家装修生意。两者利益冲突的地方在于代理人（施工队）用的材料越好，花的精力越大，他们能够赚的利润越小。所以他们在不被主人发现的情况下，可能会偷工减料，用较次的材料进行装修。生活中类似装修的例子绝不限于个例，事实上在各种经济活动和价值交换过程中，都可能出现这样的利益错配。

尤其是随着现代市场经济的发展，经营企业对各方面专业知识及能力要求越来越高，于是出现越来越多的初始投资者在力不从心之余，开始外聘企业管理者来管理企业。而这种现象进一步带来了企业所有权和经营权的分离，即股东不直接参与公司治理，而是聘请职业经理人来治理公司。特别是在欧美等成熟的市场，大公司股权分散是一种常见的现象，这就导致基本上没有一个股东能决定公司所有事项，因此，就更加需要聘请职业经理人来治理公司。这既是把专业的事交给专业的人来做，也是股东相互妥协的结果。

按理说，职业经理人应该本着股东利益最大化的原则来制定决策，但事实并非完全这样，职业经理人经常和股东并不坐在同一条板凳上，而是"各怀心腹事，尽在不言中"。比如，股东往往追求公司可持续发展，但职业经理人为了自己的口碑和前途，会选择先顾好公司眼前发展。因此，职业经理人在制定决策时，如果两者冲突，他们会优先制定有利于自己而不是股东的决策。并且，职业经理人可能会偷懒，疏于公司治理，从而导致股东利益受损。

美国经济学家史蒂芬·列维特曾经用翔实的调查数据，

证明经纪人在交易中通常不会为了委托人的利益而尽全力。在美国的房地产交易中，房地产经纪人为委托人卖掉一所房子的佣金一般是1.5%，出售房屋的价格越高，经纪人得到的佣金也会越多。可事实上，佣金往往并不能发挥其应有的激励作用，经纪人通常不会将房子的价格最大化。假如出售一所价值30万美元的房屋，经纪人所得到的佣金应是4500美元。可如果说经纪人只要再努力一下，多一点耐心，就可以把房屋的价格提高到31万美元。这多出的1万美元中，委托人赚9850美元，经纪人赚150美元，经纪人是否愿意为了得到150美元而付出更多的时间、金钱和精力呢？

一份综合了芝加哥郊区将近10万笔房屋交易记录的资料表明（在这些房屋当中，有大约3000所是属于经纪人本人所有的），当房地产经纪人在销售自己的房屋时，将房屋保留在市场上的时间通常比一般时间长10天，房屋售价通常也会高

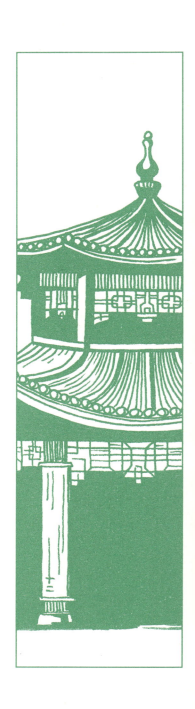

出 3%，即一所价值 30 万美元的房屋售价通常会多出 1 万美元左右。即当出售自己的房屋时，经纪人通常会有耐心等到最高的报价；而出售委托人的房屋时，经纪人很可能会急于接受自己收到的第一个合理价格，并希望尽快达成交易，因为扣委托人的房屋多卖 1 万美元，他所得到的份额只有 150 美元，这样的数目显然不值得他付出更多的努力。

类似现象在我国国有企业的改革发展过程中也曾屡屡出现。20 世纪 90 年代以来的国有企业改革是我国经济社会生活中的重要篇章。在经历了改革的阵痛之后，国有企业的整体面貌发生了天翻地覆的变化，现代企业制度已经基本建立起来，国有企业的活力得到了极大增强。然而，国有企业的固有弊端并未得到彻底根除，经济效率仍然有待提高，其中委托代理关系中的矛盾和问题便是影响经济效率的重要原因。

与其他所有制企业不同，国有企业归全民所有，由国家代表全民行使资产所有权职能。国有企业的资产是全民的财产，全体人民都是它的主人。但是，这里的主人是抽象的全民，不是任何一个活生生的自然人，全体人民不可能亲自去经营管理这些企业，于是由政府部门代表全民行使对企业的所有者权利，政府部门当然也不能直接去经营企业，又得选派企业领导人来经营管理，这就形成了多层次的委托代理关系。

多层次的委托代理关系是一种十分棘手的关系，由于委托的链条太长，代理的环节过多，彼此的制衡有时候很难生效，企业的效率难以提高。作为国企领导人，是多个层面"大利益"的代表，理所当然要对国家、股东和社会负起应尽责任，一心为公，促进企业效益最大化，打造企业核心竞争力，但事实与理想状态总有一定的出入。举一个简单的例子，国企老总出差往往会选择比较贵而舒适的飞机而不去考虑节省公司的开支；国企的销售代表会对某个客户给予格外关照，或许是背地里接受了客户给予的好处而不是为了提高公司的销售额。"厂长有跳槽的，没有跳楼的；老板有跳楼的，没有跳槽的"，这种调侃的说法实际上就是国企所有者缺位的一种印证。

加之国有企业的领导人一般是由政府任命，并有任职期限，这使得有些国有企业经营者把主要心思放在"先经营领导，再经营企业"，甚至是"经营领导为主，经营企业为辅"上。经营者首选目标的错位，致使企业资产运作低效，管理混乱，大量国有资产流失。目标的错位还易使企业经营者私欲膨胀，权力寻租，道德堕落，贪污腐败大量滋生。尤其是经营者对自身任期容易预估，因而在任期将尽、升职无望时可能加剧机会主义行为。正是因为没有处理好委托代理中的监督和激励这个

难题，近年来在国企内部出现过这边企业业绩下滑，那边公司高管涨薪的反常现象，一些国企领导人的腐败问题颇为严重，"59岁"现象十分突出，"穷庙富方丈"引起社会强烈关注。

　　如何保证职业经理人按照股东的长远利益行事？股东如何能有效地控制职业经理人？这是在现代企业制度构建中颇让人头疼的一个问题，这就需要设计一项机制，这项机制既能保证职业经理人对公司的有效治理，又能保障股东利益。

　　经过不懈研究和努力探索，现在公认的有三项举措对实现公司有效治理最为明显，它们分别是股权激励、独立董事和两职分离。所谓的股权激励就是授予职业经理人部分股权，使其与企业形成利益共同体。职业经理人一旦有了股权，自己也是股东，他们在做决策时就会考虑自己作为股东的利益，而不仅仅是一个职业经理人。循着这个思路，现代很多大公司应对代理人问题的主要手段是直接给职业经理公司股票或公司股票期权，将职业经理人的收入和公司的股票价格挂钩起来。比如公

司授予公司经理股票期权，目前公司的股价是每股 3 元，允许经理在 3 年后以每股 5 元的价格购买 100 万股股票。假设经理兢兢业业努力工作了 3 年，在任期间业绩突出，把公司的股价在第 3 年末带到了每股 10 元。根据股票期权，经理可以按约定以每股 5 元的价格购买 100 万股股票。在购买了之后，经理随即以当前每股 10 元价格出售这些股票变现。这样，这位经理总共将赚 500 万元。

股票期权背后的逻辑就是：如果经理人有了很多公司股票，那么经理在激励的作用下会着眼长远发展，更努力地工作，提高公司的股价或公司的价值，而不是把自己纯粹当作一个可以随时向后转的打工仔。

美国投资大师巴菲特对这个问题的理解非常深刻。他曾经说过：在生意和投资上要想成功，你需要把自己和公司的利益绑定在一起。巴菲特自己这么说的也是这么做的：他作为伯克西哈撒韦公司的主席，每年的薪水是 10 万美元。对于如此大规模的一家公司来说，10 万美元的薪水更多属于象征意义，巴菲特主要的资产都在公司股票里，他的收入也主要来自于公司股票的增值。这样的安排就能在最大程度上绑定主人（公司股东）和代理人（作为经理人的巴菲特）的利益，真正做到荣辱与共。利益绑定原则的适用性非常广泛，可以跨越任何行业和不同领域。只有确保利益绑定，才能从根本上解决代理人问题，最大限度地保护股东的利益。

如何加强委托人对代理人的监督制约，让代理人不会利用委托人的资源为自己谋私利，这是防治公司内部腐败的根本所在。监督特别是外部监督是解决企业委托代理关系中种种弊病的重要手段。众所周知，董事会既是公司的决策机构，也负有监督职能。董事会内部当然可以让大股东来当董事履行监督职能，同时还可以通过设置独立董事，委派有经验的专家来监督高层的决策。所谓独立董事是指独立于公司股东且不在公司内部任职，并与公司或公司经营管理者没有重要的业务联系或专业联系，并对公司事务做出独立判断的董事。独立董事最重要的特征就是独立性、专业性，设置目的就是摆脱利益的羁绊，减少内部人控制，防止董事会成为大股东的一言堂。也就是说，独立董事肩负着在董事会内部对大股东进行监督和制衡、保护中小股东利益、增强企业的长期可持续发展能力的重要职责。

最后一项重要举措就是两职分离，让董事长和总经理／CEO 分别由两个人担任，彼此相互制衡相互监督，防止权力滥用，避免以往一人由于权力过大，而出现"用人一句话，花钱一支笔，办事一挥手"的现象。有效的公司治理结构说白了就是"制衡"，要在内部通过合理分权创造一种互相平衡的生态，使客户与公司、员工与公司、员工与员工、员工与老板、股东与股东等实现相互制衡、利益共享、责任共担，这样才能实现真正的公司治理，也才会有公司的健康发展和各方利益主体的安全。

物以
稀为贵

—— 价格决定机制

　　《清代野记》一书里记载了这么一个"蠢仆食黄瓜"的故事。一个南方人在寒冬腊月期间去北京参加考试，身边带了一个仆人，主人手头不宽裕，就带着仆人去前门附近一家小饭馆吃饭。主人知道北京物价贵，叮嘱仆人，北京可不比家乡，千万别乱点菜。等主人仆人都吃完了，伙计递上账单，主人一看就傻眼了。自己只是吃点家常菜，账单上竟然要五十吊钱。他气不打一处来，于是把伙计和仆人叫上来仔细核对。

　　仆人委屈地说，我知道北京东西贵，没敢乱点，只吃了四小盘黄瓜。伙计问，你知道新春时候北京的黄瓜多少钱一根吗？仆人壮着胆子说，三文一根差不多了吧。伙计冷笑说，那是夏天京城的价，现在冬天的时价是十吊钱一小盘。仆人吓得目瞪口呆，因为这个价卖得跟燕窝鱼翅一样贵。原因其实很简单，在清代，缺乏把黄瓜从南方运过来的便捷的运输方式，当时的物品运输大概还停留在杨贵妃吃荔枝时快马传送的水平，另外当时的温室栽种成本也太高，仆人在错误的时间、错误的地点点了市面上极其稀罕的黄瓜，自然要付出更多铜板。

　　同理，现代经济学之父的亚当·斯密在他的巨著《国富论》中曾经讲到过一个类似的经典案例——钻石与水的悖论。众所周知，钻石对于人类维持生存没有任何价值，然而其市场价值非常高。相反，水是人类生存的必需品，其市场价值却非常低。这种强烈的反差就构成了这个悖论。为什么会有这样的现象呢？就供给面来说，水的数量非常大，除了荒漠干旱地区，地球上几乎处处都有水，随处可见；而钻石呢，是蕴藏在地表底下，且必须经过长时间与适当的条件才能产生，供给非常地少。

对此，亚当·斯密指出：没什么东西比水更有用，能用它交换的货物却非常有限，很少的东西就可以换到水。相反，钻石没有什么用处，但可以用它换来大量的货品。钻石与水的悖论，实际上反映的就是中国俗语"物以稀为贵"的道理。

在经济学里，"物以稀为贵"是与供给、需求及价值规律紧密联系在一起的。就是说市场上一件商品的价格除了由价值决定外，又常常受供求关系的影响，供给与需求是经济学分析的基本层面。萨缪尔森在他的《经济学》中引用了无名氏的一句话：你可以使一只鹦鹉成为经济学家，但前提必须是让它明白"供给"和"需求"。这句话也从一个侧面反映了需求和供给的重要性及其在经济学中的根本性作用。

经济学中的需求包含两层含义：首先，需求来自消费者的嗜好或偏好，是一种纯粹的主观上的需要；其次，需求应该是有支付能力的需求，即能够购买得起。假如一个人很有钱，买得起高档时装，但他对时装不感兴趣，也不打算买，他就构不成对时装的需求；另一个人，很喜欢时装，也想买，但又没有支付能力，他同样构不成对时装的需求。只有主观上有买时装的欲望，客观上又具有支付能力的人，才构成对时装的需求。供给是与需求对称的一面。我们常提到市场，市场是由买方和卖方构成的，只有买方或者只有卖方，交易不会发生，市场就名存实亡。这里的买方就是需求方，卖方就是供给方。供给实际上就是提供商品，这些商品包括机器、石油、大米、飞机、衣服等各种可以交易的东西。

价格机制是市场机制最重要的组成部分。在市场经济中，

资源的配置通常都是通过价格的变化来调节的，价格被称为市场经济的信号灯，是市场各微观主体做出经济决策的最重要的依据。市场上供不应求，说明商品价格偏低，市场力量会使价格上升；供大于求，说明商品价格偏高，市场力量会使价格下降，价格正确地反映着商品的相对稀缺性。所谓市场均衡是指由于需求和供给二者的相互作用，在某一市场价格下需求和供给的数量相等，此时的价格就称为均衡价格。均衡价格是对买卖双方来说均为最好的价格！如果价格高于均衡价格，对买方自然不利，而卖方就会有积压，也不利；当价格低于均衡价格时，利润减少，对卖方自然不利，但买方也买不到，也不利。只有当价格达到均衡价格时，买卖双方的利益才达到了最大化。但在商品经济条件下，生产和消费分离，商品生产者之间和经营者之间竞争激烈，这些因素的存在又不可避免地会使商品的交换出现时而供大于求、时而供小于求，很难甚至不可能求得平衡。

明白了价值规律运作的机制，可以帮助我们对许多问题有个清醒的认识。20 世纪 80 年代，美国马里兰州大学的朱利安·西蒙和斯坦福大学的保罗·爱尔里奇两位教授在人类发展前途的问题上产生了严重的分歧，悲观的爱尔里奇认为，人口爆炸、环境污染、不可再生资源的消耗等使得人类前景非常暗淡，而乐观的西蒙则认为，技术进步及市场经济的价格机制会解决所有问题，人类前途将越来越美好。两人在互不服气、谁也说服不了谁的情况下，决定赌一把，让未来事实做评判，赌的内容就是石油、煤炭及各种矿石的价格是否会持续上涨。爱尔里奇认为这些不可再生资源的储量会越来越少，其价格自然会大幅度飙升，而西蒙认为价格上涨至一定阶段，自然会产生替代品，抑制价格的继续攀升，长时间看，其价格可能还会下降。两人于是选定了 5 种金属：铬、铜、镍、锡和钨，以 1980 年 9 月 29 日的金属价格为准，各自买入 1000 美元的等量金属

（每种金属 200 美元），约定到 1990 年 9 月 29 日，5 种金属价格在剔除通货膨胀因素后如果上涨了，悲观派的爱尔里奇就胜了，西蒙必须把总差价支付给爱尔里奇，反之则是爱尔里奇把总差价支付给西蒙。漫长的 10 年过去了，1990 年答案终于揭晓，5 种金属价格无一例外地下跌，爱尔里奇输了，最后不得不把将近 6 万美元的差价交给了西蒙。

　　供求规律是市场经济中的基本规律，它通过价格这只看不见的手来不断调节，实现供需平衡，但两位教授打赌的这 5 种属于不可再生资源的有色金属，为什么在越来越短缺时，其价格不升反降呢？原因就在于高昂的价格刺激了人们不断开发它们的替代品，从而使得相关供应不是越来越短缺，而是不断增加。例如，铜和锡曾被广泛应用于制造各种器皿，但二者价格上涨后，廉价的塑料制品就应运而生并被广泛地应用。同样，用于制造电线电缆的铜铝价格不断上涨，也刺激人们开发出以沙子为原料的光导纤维，所以两位教授的打赌趣事恰恰从另一

个角度印证了价值规律运作中"物以稀为贵"的事实。

记得鲁迅先生曾经说过南方的卷心菜到了北京便"物以稀为贵",而且还要用一根红绳子套牢,美其名曰"龙舌兰"。总之越是稀少越是宝。"物以稀为贵"的道理已被聪明的商家广泛运用到商战,并冠以"饥饿营销"法的称呼。俗话说,饥不择食。对于一个饥饿至极的人来说,一个又硬又冷的粗面馒头也会被视为第一美味。这一简单的常识,被西方经济学者定义为效用理论。效用是指消费者从所购得的商品和服务中获得的满足感。效用不同于物品的使用价值。使用价值是物品所固有的属性,由其物理或化学性质决定。而效用则是消费者的满足感,是一个心理概念,具有仁者见仁、智者见智的主观性。

商家运用"饥饿营销"法常见的手法便是人为地制造短缺,即采用限量生产或限量销售的手段,故意在市场上制造供不应求现象。其目的无非是利用"物以稀为贵"的价值法则,激发消费者的购买欲望。一百多年前,只能在印度河流域和巴西丛林中找得到少量钻石。那个时候,钻石和其他宝石一样,只不过是稀有装饰品。然而,1840年,南非发现了巨大的钻石矿,产量可以用吨计算。既然出产量这么大,说明市场供给量要增加,价格应该开始走低了!这个时候,钻石开发商挖空心思把世界各地的钻石开采权垄断在自己的手中,商家们联合在一起,对钻石的开采量进行严格的把控。只要产量低,哪怕存量再多,在市场上也是稀缺的!就是说在供给这一侧商家严把出口闸门,讲求细水长流。

同时在需求这一侧,因为钻石在实际生产生活中起作用的地方并不多，单价虽然高，但是也架不住想买的人太少。商人们就想了个办法，要赋予它一个价值来增加市场购买量，他们灵机一动开始炒作概念，把钻石跟爱情结合在一起，通过明星代言广而告之：求婚要用钻戒！那象征着你们彼此间永恒的爱情。钻石恒久远，一颗永流传。通过这个办法把这个原本无甚作用的石头硬是变成了象征爱情的宝石，并长盛不衰地营销至今。这就是非常成功的"饥饿营销"法在商业活动中应用的案例。

在经济理论中，等价交换是商品交换中必须遵循的原则，是价值规律的基本内容，"物以稀为贵"则是价值规律的一种表现形式。当然在实际生活中，也有一类"稀有"商品不适用于价值规律作用的范畴，它们是"物以稀为贵"的另类表现。

这主要是指一些不能再生产的稀有特殊商品，如：文物、名人字画、珍贵邮票等，其价格都很高，并且价格基本都是"与时俱增"，只升不降，完全背离商品本来的价值。怎样看待这些稀有特殊商品的交换呢？这主要是因为经济学中的价值规律发生作用的适用范围是能够不断地再生产出大量的商品进行交换。不断再生产的商品，它可以通过商品供求数量的不断增多去影响商品交换的价格，使商品价格回归，靠近价值这个中心，围绕价值这个中心上下波动。而文物、名人字画、珍贵邮票等都是不能再生产的商品，它们"供"的数量不会随着"求"的数量的增加而增加（甚至还会与时俱减），这样就不能通过供应数量的增加去抑制价格的上涨，而使其回归靠近价值这个中心，所以出现了价格只升不降的特殊现象。

比如藏书一向为文人雅士所好，尤其是宋元版本，以雕刻精美、字体端庄、纸墨考究等特点成为藏家追逐的热点，但由于古籍善本是纸质品，容易损毁，存世量的稀少、不可再生和无可替代性决定了古籍善本是永远的热点。其上涨空间不可预想，收藏界甚至有所谓"一页宋版纸，黄金十六两"的定价。这种现象的出现，是因为这些稀有特殊商品的交换不是商品价值规律研究的范畴，不适用于价值规律发生作用的范围。

如果说古籍善本被许多人狂热地追逐收藏还好理解一点的话，还有一种另类现象则让人有些费解，如错版钱币之类物品在市场上拍卖的价格都非常高，而且是错版币的"错误"所在，决定了其价值所在，越是稀缺、罕见的错误，错版币的升值空间也就越大。错版币是指在印刷过程中出现差错的真币，它们从根本上说其实就是瑕疵品，虽然这些东西在物品价值上没有多大用处，在美学上也缺乏吸引力，但一直是民间收藏市场的抢手货。如果一定要对这个现象原因作个解释，那只能说是由于量少，甚至是绝版而造成"物以稀为贵"。

买家不
如卖家精

—— 信息不对称

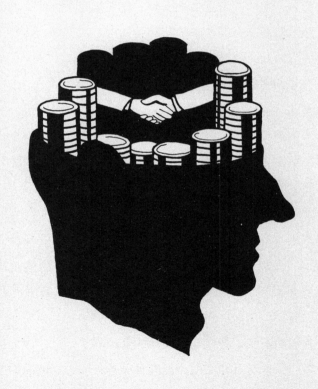

有这样一个故事：一个人牵一匹马去给兽医看："医生，你看看我的马这条后腿。它有时候好好的，有时候又一瘸一拐的。你看有什么医治的高招没有？"兽医不耐烦地说："费那个劲干什么，最简单的办法就是在它腿好的时候牵到市场去卖掉。"无良兽医的这番话当然要受到道德的谴责，同时这个故事也说明买家与卖家之间存在信息不对称的客观事实，卖家通常比买家掌握更多的商品质量和性能的信息，但卖家刻意隐瞒利己的信息，在向买家推销产品时，往往把商品好的一面说得天花乱坠，对商品有哪些缺陷却讳莫如深。就这样，故事中马匹之类的劣质商品就被以次充好地卖出去了。

信息不对称的现象在市场经济活动中广泛存在。比如装修是许多人生活中一等一的大事，装修的投入与成果，决定了自己未来很长一段时间的生活是否舒适、舒心。每一个人对装修都是慎之又慎，但即使足够谨慎，也难免掉入装修的"坑"中，被狠狠地"宰"上一笔。装修里面猫腻实在太多了，材料、辅料、设计、施工等，都有着多种多样的坑，作为一个消费者，要买的东西有很多，不可能每样都精通，也根本没有精力去一一辨识。所以尽管我们比来比去，挑来挑去，但笑到最后的往往还是商家。说到底，买家不如卖家精。三百六十行，行行都如此。

作为消费者我们有权知道商品的全部真实信息，因为这个商品最终归买家所有和使用，卖家有义务告知买家商品的全部信息，在知情的基础上一个愿买一个愿卖，双方平等，这才叫透明交易。可是现实中卖家并不如此这般操作，在整个交易过

程中，他们牟的是利，要的是多挣钱，所以才出现了利用信息
不对称以次充好、以假乱真、以低卖高的情况，而消费者由于
蒙在鼓里不知情，往往高价买单，当了冤大头。

　　市场上信息不对称会造成两个不良后果，一个是逆向选
择，一个是道德风险。逆向选择是市场资源配置扭曲的一种现
象。比如旅游市场，刚开始旅游市场发展的时候，为了吸引更
多人报名，有的旅行社把价格做的特别低。韩国游正常报价
3000 元，它就敢只要 1000 元，1000 元钱还不够机票住宿费，
这样的旅行社靠什么活下去？当然羊毛出在羊身上。为了堤内
损失堤外补，游客就有可能被导游强行拉到指定地点去购物，
买玉石、美容化妆品、保健品、特产等。旅行社和导游从中赚
取佣金。这 1000 元报价一出，正常报价 3000 元的旅行社就没
有办法生存了，被这些 1000 元钱的害群之马赶出市场了。

　　信息不对称还可能引发道德风险。所谓道德风险即从事经
济活动的人在最大限度地增进自身效用的同时，做出了不利于
他人的行动。还是前面那个例子，在旅游市场里面，作为一名
低报价的导游，必须得骗，即便导游个人原本是有道德良知的，
但为了生存，为了赚钱，也只能无奈地同流合污了。欺骗方法
则是大同小异，把成本几块钱的劣质玉石、劣质化妆品统统忽
悠成百十块的高价，并从中赚取佣金。这就是信息不对称导致
的道德风险。

　　买家不如卖家精的内涵还可以做进一步的引申拓展，表
现为在市场经济中商家通过深入了解消费者购买心理，制定
一系列有效的促销攻略，让消费者陷进商家的套路中却无怨

无悔。正所谓"攻心为上，攻城为下"，市场上商家天天琢磨的就是消费者的心理，从品牌、定位到差异化，从定价、促销到整合营销，无一不精心打磨以迎合消费者的心理。比如这年头针对消费者的节日太多了，吃货节、618、双"11"、双"12"、感恩节、黑色星期五、年中大促、年末狂欢，从年头到年尾，天天过节，好像就没有断过。一到上述时节一些人就热血沸腾，口袋里的钱恨不得倾囊而出，因为折扣力度大呀。商家诱使你"买买买"的由头太多了，当我们沉迷于购物的欣喜时，却不知我们已经一步步踏入了商家设计的迷人圈套。

商家满满的套路简单归纳可分为两大类：

第一种可以通俗地称为"让利打折促销"。卖家通过打折、购物满减、买赠、自助的销售模式，给买家营造出一种满足感，即我们通常所说的占了便宜的感觉。当我们被这种感觉充斥之后，就很难再去

理智客观地判断商品本身的价值。例如，市场常见的满100减50、买一赠一等活动，都是刺激消费很有效的手段。无论何时何地，折价促销字眼会刺激顾客的购买欲，让人忘记自己是否真的需要。很多商家就是利用消费者这种"占便宜心理"。在新品推出后，先对产品进行一定幅度的提价，然后以周年庆、打折活动、会员活动等方式降价，让用户感觉到自己占了便宜，其实是被商家当成韭菜割了。

还有自助餐这种形式在市场上也比较火爆。每当你想要去一家自助餐厅前，总会有一个声音在脑海中盘旋起来——一定要吃回本。更有追求的人，则可能直接放下豪言，要吃垮自助餐厅。为了在自助餐厅吃回本甚至"薅羊毛"，网上甚至出现了各种自助餐攻略，也总结出无数自助餐经验。但实际上，自助餐厅靠顾客吃是吃不垮的，而你想要在自助餐厅吃回本，也没有那么容易。自助餐厅吃不垮的根本原因在于它在你极不易觉察的角角落落，做到了极为精细的成本控制。自助餐厅和其他餐饮企业一样，主要通过批发采购的方式获取食材。大量采购，往往能压低食材的价格，而自助餐厅的食材消耗量更大，采购价格的优惠力度也更高。这就是明明自助餐厅的食材消耗量更大，但是食材成本依然跟其他饭店差不多的原因，它充分体现出市场经济中量大从优的基本特点。

而且，相较于你在专门的餐厅吃到的菜品，自助餐厅往往会放宽一些对食材品质的要求，来降低成本价格。比如，一般餐厅的鲍汁捞饭使用的基本是新鲜鲍鱼，一只价格可能在20元左右，而同等或者稍低价位的自助餐厅可能会使用冷冻干鲍鱼，每只价格不过五元。而对于高价的食材，自助餐厅也会限量供应。此外，在自助餐的经营模式下，商家的主要任务就是源源不断地提供食物，除了收拾餐具其他时候基本没有服务员的身影。不需要像普通饭店那样，点菜、传菜每道工序都需要服务员，这大大地节省了人力成本。

除此之外，自助餐还有不少套路，让你不知不觉地替商家省钱。比如设置丰富的菜品种类，不仅可以吸引顾客，还可以省钱。顾客很容易被自助餐的各种花样搞得眼花缭乱，其实自助餐的种类越多，对高端食材的消耗就越少，不少商家都以此来节省成本。一次能吃好几十道菜，对顾客来说物有所值，对商家来说，则是少消耗了很多高价菜品。

如此这般，顾客进店吃得开心，谁还顾得上有没有吃回本这件事。

仅仅打折促销还不够，目前市场上更常见的是第二种方式，我们把它称为引导性的"划算消费"。卖家通过大张旗鼓

的宣传、无处不在的暗示，把消费与情怀、健康、自我认同、人生幸福等价值观相连。像曾经风靡全国的广告宣传语"今年过节不收礼，收礼只收脑白金"，此广告抓住儿女孝顺的心理，脑白金此时已经不再是一款简单的保健品了，而被升华为维系父母与子女之间的情感代表，为了这份孝心，再贵儿女们也愿意在上面消费。还有房地产业内有句行话，叫作"无概念，不成房地产"。房子在老城区的被称作"传承千年文脉"，远离市区的被称作"生态奢华"，精装修的被称作"给你一个五星级的家"，毛坯房被称作"自由境界"，又大又贵的被称作"府邸"，又小又贵的被称作"豪宅"。总之，只要你肯掏钱，买哪里的都错不了！就这样开发商忽悠忽悠，就把你忽悠成房奴了！

　　还比如随着生活质量的提高，现代人越来越崇尚健康。身体是革命的本钱，是财富的基础！在身体面前，多花点钱算什么，这看起来绝对是一个理性的消费行为。于是卖家瞄准这个心态，不遗余力地在商品推销中大打健康牌，以便让你倾心

倾力购买。都知道帝都北京雾霾非常大，一些口罩商家就开始煞有介事地以专家的口吻宣称：没有雾霾前北京的肺癌病例为1000例，有了雾霾后，每年增加50%，×××口罩，通过10层过滤，净化雾霾，不进入人体，更安全更健康。听起来这种口罩近乎是天使下到人间来拯救众生，你在市场上见着这样的口罩会买吗？答案几乎都是肯定的。

既然信息不对称让消费者屡屡上当受骗，外加管不住自己狂购激情的手，那么有没有解决或者说缓解买卖双方信息不对称的方法呢？

当然有，首先政府需要适当地进行干预，完善各种法律，制定各种规则，保障消费者和企业基本权益。比如前面所说的旅游市场例子，政府要通过制定相应法规惩罚那些害群之马，使旅游机构遵守市场正常的发展秩序，赚取自己的正当利润，不能靠欺骗隐瞒把客户拉进来，只图做一锤子买卖生意。

其次消费者在购买商品时应该尽可能多地了解自己要买的商品相关信息，这样就会少受商家的误导，也就不会被商家表面让出的一点蝇头小利蒙蔽了双眼。

像北京中关村，有当年全国最大的电脑售卖市场，巅峰时期整个市场人头攒动，走路都费劲，但后来无一例外地都经历了从繁荣到凋零再到转型的过程。当初大家都觉得电脑是个神秘的高科技东西，加之在市场上可以购买和了解的渠道也不多，所以觉得一台电脑几千上万的价格很合理，这也致使电脑行业初期的利润率非常高。20世纪80年代一台286机可以卖到四万三，销售商从中净赚两万块都是小意思。后来随着信息的透明化，加上互联网与电商平台的崛起，各种配件的价格大家上网一查就有了，以往信息不对称的情况发生了剧烈的变化。消费者获得了与商家掰手腕的能力，你商家再想像以前那样蒙我漫天要价已不太可能，电脑行业暴利时代也就这样提早结束了。

另外，作为消费者一定要牢记"天上不会掉馅饼"这句古语，所谓的"亏本大甩卖""跳楼价""超低价限量促销"等都是商家刺激消费者消费的销售策略，更是获利的一种方式。如果哪个商家真以不可思议的低价出售自己的商品，那我们就更要小心谨慎，防止其中有诈。切记，你想要人参的功效，花的是萝卜的钱，最后，买到的就不可能是人参！好贵、好贵，好才贵！只有具备一双慧眼，并且经常擦拭双眼，不贪小便宜，多给自己设几个问号：他们的产品真的像说的那样好吗？自己买这个东西到底是不是刚需，是不是非买不可？自律让人自由。要经得起诱惑，按需合理消费，切勿透支消费、冲动消费。

当然，上述道理也许你早就知道，但是知易行难，大部分人可能还是无法逃脱随商家起舞的结局！人最难的是战胜自己的心理弱点，因购物带来的一时快感让人念念不忘，于是该剁手时依旧剁手，哪怕明知是冲动消费。这个世界有时就这么美好，周瑜打黄盖，黄盖觉得爽。

若此，生活不妨继续，顺其自然、乐见其成也是一种难得糊涂的活法。

做蛋糕与
切蛋糕

—— 效率与公平

如何有效解决公平与效率的矛盾冲突、处理好公平与效率的关系，是长期困扰人类经济发展的重大难题。有人把整个社会经济活动形象化地比喻为一个制作大蛋糕的过程，其中两个关键步骤一个是做蛋糕，一个是切蛋糕，分别意指社会经济发展中的生产和分配。效率研究的是如何把蛋糕做大，即尽可能地多创造财富，以满足全体社会成员的最大需要。公平研究的是如何把蛋糕分均，让人们都平等地享受社会生产的产品。

效率与公平都是人类终极所需，但是长期以来，人们发现效率与公平的关系就像鱼与熊掌一样，二者不可兼得。效率与公平常常存在着某种替代关系。为得到更多公平，往往要牺牲一部分效率；反之亦然。

我们打小就听过狐狸分饼这个古老故事：两只笨熊得到一块饼，一人一半，但都觉得对方的比自己的大，分得不公平。正好被狡猾的狐狸遇到了，狐狸就说帮它们俩分得公平点，结果左咬一口右咬一口，等两只笨熊反应过来的时候，饼只剩下一点点了。在效率与公平的平衡取舍中，政策倾向公平，国民收入这块蛋糕就可能如同故事中的那块饼一样，反而变小了。比方说，为了追求公平，国家要征税来贴补穷人，收入越高纳税越多，富人们的收入不少进了国库，他们投资赚钱的动力和积极性自然减弱，蛋糕变小了；另一方面征税也影响穷人。一个失业工人好不容易找到了一份的新工作，但发现工资不高，只够勉强糊口，这时个人还失去了政府的补贴。两相权衡，他干脆不再找工作，坐等吃国家救济，蛋糕因此再次变小。可以说，公平与效率的取舍，一直是人类社会的两难抉择，经常是按下葫芦又起瓢，找不到合适的黄金分割点，不同的环境下，人们的取舍侧重不同。

对于两者的关系一般认为，由于制作蛋糕的各种资源具有稀缺性或有限性，一个社会首先要考虑的就是不浪费每一种资源，将每一种资源以最合理的方式搭配利用起来，使其联合生产能力达到最大。要知道人们从事经济活动的直接目的，就是为了创造出更多的物质财富使自己生活得更舒适更美好。由此可见，社会经济发展的基础首先是资源使用效率，即以一定的投入创造出最大的产出。如何将蛋糕做得最大最好，是经济活动和经济学首先需要解决的一个基本问题。

做大蛋糕和分好蛋糕是一个硬币的两面，两者是辩证统一的，是互为条件、相互促进的。做大蛋糕是分好蛋糕的前提，分好蛋糕是做大蛋糕的保证。只有千方百计把蛋糕做大，大家才能分得一份较大的蛋糕；同时也只有将做好的蛋糕公平合理地分配给每个社会成员，让他们有更多的获得感，收入水平和生活水平逐步提高，才会以更大的积极性去做大蛋糕。

对公平与效率关系的认识，我们在几十年的社会主义实践中也是经过反复探索并逐步走向成熟，其间曾经付出过沉重的代价。计划经济时期我们推崇平均主义的收入分配理念，结果是全民都吃大锅饭，既束缚了生产力发展，也损害了效率的提高。改革开放以后，国家调节二者关系的指导思想也随着社会经济状况的变化不断调整：从改革开放之初的否定平均，强调效率，转为后来的"兼顾效率与公平"和"效率优先，兼顾公平"；再转到"注重效率，维护公平"，再到"更加注重社会

公平"。在此基础上党的十九大报告进一步指出，中国特色社会主义进入新时代，也是不断满足全体人民美好生活需要，逐步实现全体人民共同富裕的时代。新时代的共同富裕，着力点落在生产力发达、社会物质产品丰富的前提下，使经济发展的成就惠及人民，将"蛋糕做大"的同时重点将"蛋糕切好、分好"。实践表明，在推动共同富裕目标实现的过程中，我们一直致力于进行分配制度改革，使之与不断解放和发展的生产力相适应，这个过程反过来又推动了改革开放事业持续快速的发展，两者实现了互动的良性循环。

做大蛋糕分好蛋糕，首先是把蛋糕做大。改革开放以来，我们党领导全国人民在共同富裕的道路上为了把经济总量这个蛋糕做大，紧紧抓住经济建设这个中心，把发展当作第一要务，极大地促进了全国乃至各地区的经济发展。2020年，我国GDP总量历史上首次突破100

万亿，稳居世界第二，占世界经济的比重达到 17% 左右。

成绩固然可喜，但是，我们不能因此说我们做的蛋糕已经很大了，可以就此满足了。我们的家底虽不薄，但用 14 亿人口总数一除，人均 GDP 仍略低于世界平均水平，与主要发达国家相比，还有较大差距。从我国现今发展所处的历史坐标看，我国还不够富裕，仍然是世界上最大的发展中国家，我国处于社会主义初级阶段的基本国情没有变，发展不平衡不充分问题依然突出，城乡区域发展差距还比较大。这也决定了我们必须长期坚持以经济建设为中心不动摇，以全面深化改革和创新为手段，进一步促进经济发展，提高经济发展质量，把蛋糕做得再大再好一些，以满足人民群众对美好生活的向往。

当然话说回来，放手让人们去追求财富，并不是说社会不需要对财富进行配置调整。对公平的追求一直是人类社会的美好愿望，中国自古以来就有"不患寡而患不均"的积淀心理，历史上几乎所有的农民起义的根源都是社会的极端不公平，"朱

门酒肉臭，路有冻死骨"的古诗句对此做出了深刻的写照。而大多农民起义也都以"无处不均匀，无人不饱暖"的旗号为感召，发动劳苦大众推翻旧朝代，去追求理想中的公平社会。今天社会主义市场经济是效率型经济，它重视效率的增长；但是社会主义的目标是实现共同富裕，它又必须注重社会公平。收入分配差距既是市场经济的常态，同时也是社会经济发展的一把"双刃剑"。收入分配差距过大，不仅会导致内需不足，阻碍经济可持续发展，而且也会加剧老百姓的心理失衡程度，进而容易产生对社会的抵触情绪。只有正确处理好效率与公平，才能完善社会主义市场经济，并最终实现共同富裕目标。

　　改革开放40多年来，我国经济发展在取得巨大的成就的同时，也要清醒地看到当前我国还存在着较大的收入差距问题。党的十八大以来，我国经济由高速增长转向中高速增长，经济结构转型加快，一些低端的传统产业受影响较大，这些产业里的职工和农民工群体以及城市低收入居民的收入都有待提高。

与此同时，我国在再分配领域收入和支出方面的不均衡在一定程度上也影响了城乡居民的收入差距问题。

当我们为城市的繁华而欢欣鼓舞时，别忘了还有大量的农村仍处于欠发达的状态；当有人出国旅游一掷千金时，也不能忘了还有很多人生活在低收入的边缘，尤其是广大农村和中西部地区相当一部分居民收入水平依然偏低。贫富差距大依然是我国迈向共同富裕道路上亟待解决的重要问题，保障和改善民生，依旧是治国理政的头等大事。只有采取切实措施确保低收入群体不"掉队"，才能让中国行稳致远。

在实现经济快速发展的同时，我们也一直在实践中艰辛探索，努力寻找实现共同富裕的路径和制度保障。现今已经是思路清，方向明，具体的制度设计就是以共同富裕目标为导向，通过三次分配的框架设计，逐步缩小收入差距，不断把发展的成果更多地惠及广大人民，使全体人民朝着共同富裕方向稳步前进。

在分配制度总体设想中，初次分配主要由公平竞争的市场机制来决定，政府主要通过法律法规进行规范，不直接干预。在初次分配中，坚持以鼓励提高效率、创造财富为主，着重保护劳动所得，多劳多得，增加劳动者特别是一线劳动者的劳动报酬，提高劳动报酬在初次分配中的比重。重在激发投资者、管理者和劳动者的积极性和创造力，增强市场主体的活力和竞争力。

二次分配实质上是对一次分配的补充，在某种程度上也是对一次分配失灵的纠正。初次分配中的收入差距大并不可怕，可怕是对收入差距丧失了调节的能力。当收入分配水平比较高和收入分配差距比较大的时候，切好蛋糕比做好蛋糕显得更加重要。此时就要加大社会再分配调节力度，健全以税收、社会保障、转移支付等为主要手段的再分配调节机制。

政府通过不同的税制结构和税率调整实现收入的再分配，能有效地缩小贫富差距，实现社会的基本公平。其中，以收入税、财产税为主的直接税具有最强的效果，可以更好地发挥对收入分配的调节作用。在西方社会，有一句话很流行："人一生有两件事难以逃避，就是死和税。"对居民收入征收个人所得税，是一种比较简单的缩小居民收入差距的手段，也是市场经济国家通行的缩小居民收入差距的手段。个人所得税主要通过累进所得税制来缩小收入差距。累进税制是根据收入的多少确定税率，收入越高，税率也越高。对居民财产征税则包括房产税、车辆使用税、契税、不动产税等，这类税收具有简便易行、不易转嫁、收入稳定、促进财产转化为生产资源、矫正社会行为等优点。

以共同富裕为导向调节的分配政策，还需要政府通过各类公共支出向低收入群体进行转移支付，特别是财政对低收入群体的社会救助以及对贫困地区的扶贫减贫的直接转移支付，有利于消除贫困、缩小收入差距。这些年我国先后实行的城乡低保、医疗保险、增加对贫困地区和少数民族地区的教育投资、对贫困家庭子女实行教育救助、城市棚户区改造、农村牧区危旧房改建以及限制和降低一些国企和行业管理人员薪酬，这些行为都属于二次分配。

2015 年 12 月 23 日，青海省果芒村与长江村合闸通电，这是全国最后一个通电的乡村。长江村的海拔在 4200 米以上，人烟稀少，除了中国，估计没有哪个国家或企业愿意给这样的地方通电，因为从投入产出比去衡量，回报率极低，恐怕一百年都收不回成本。但是类似这样不计成本的事情我国做了很多很多，我国不仅实现了全民通电，而且在90%以上的农村实现了村村通路、通网络，几亿贫困人群实现了"两不愁三保障"——吃饭、穿衣不愁，基本住房、基本医疗、基本教育有保障。为什么将大量资源配置到效率非常低的偏远山村？这是出于公平有时比效率更重要的大局考虑，和谐与稳定能够形成强大的全民凝聚力，保障经济增长更有效率的实现。

此外，还要重视发挥第三次分配作用，发展慈善等社会公益事业。第三次分配是指社会力量自愿通过民间捐赠、慈善事业、志愿行动等方式济困扶弱的行为，是对再分配的有益补充，体现的是社会成员的更高精神追求。关爱弱势群体，扶贫济困是中华民族的传统美德。随着我国经济发展和社会文明程度提高，社会公众的公益慈善意识日渐增强，近年来我国中等收入群体在各类基金会中的捐赠占比不断提高，网络捐赠、社交平台捐赠和众筹等形式多样的志愿公益慈善行为越发普遍，这充分说明第三次分配在我国已经具备规模运行的客观基础，并在此次抗击疫情中得到全方位检验。

2020年，面对抗击新冠肺炎疫情的艰巨任务，全国慈善组织以最快速度、最大热情投入到举国抗疫的行动中去，成为这场人民战争中的一支重要生力军。疫情最为严重的上半年，全国各级慈善组织共接受社会各界专项捐款近400亿元，抗疫急需物资近11亿件，捐赠款物价值接近各级财政抗疫资金总投入的四分之一，充分彰显了慈善的巨大能量。

休克
疗法

——转型国家的改革方式之一

当今世界转型国家的改革方式主要有两种：一种是渐进式改革，成功的样板就是中国这种行稳致远的办法；另一种是激进式的改革（也称休克疗法），如俄罗斯 20 世纪 90 年代大拆大建式的做法。就像十月革命曾经震撼世界一样，俄罗斯的休克疗法改革也同样引起了世人的关注，其是是非非的争论一直到今天仍未平息。

休克疗法原本是医学上临床使用的一种治疗方法。简而言之就是先用一些特定的药物或者直接给患者通上电流让其休克，然后再对患者进行一些治疗，从而达到去除疾病的目的，休克疗法主要是针对一些特定的患者，比如情绪比较兴奋、脾气暴躁、容易冲动和很容易伤人的患者等。

20 世纪 80 年代中期，这个词被受聘于玻利维亚的美国经济学家萨克斯套用到经济领域。当时玻利维亚爆发严重的经济危机，民不聊生，政局动荡。萨克斯临危受聘，羽扇一挥即向该国献出锦囊妙计：放弃扩张性经济政策，紧缩货币和财政，放开物价，实行自由贸易，加快私有化步伐，充分发挥市场机制的作用。上述做法一反常规，力道生猛，短期内造成经济剧烈震荡，仿佛病人进入休克状态，但随着市场供求恢复平衡，经济运行也回归正常。萨克斯的反危机措施大获成功，萨克斯一战成名之后，人们也就借用医学上的这个名词，把他提出的这套稳定经济、治理通货膨胀的纲领和政策称为"休克疗法"。

1992 年，苏联解体后成立的俄罗斯联邦，从萨克斯那里引进休克疗法，进行了一场激进的经济改革，原本寄予的希望很大，试图以此跨入市场经济轨道，跻身西方发达国家之列。

但结果却事与愿违，由于不顾国情盲目改革，没有考虑到体制转换中的必要继承性和过渡性，俄罗斯经济非但没有起色，反倒陷入了全面、深刻的经济危机和持续不断的混乱与衰退。

1991 年底，苏联解体，俄罗斯联邦独立，继承了原苏联的大部分家底，新诞生的国家面临恶性通货膨胀、国有企业负担重等宏观经济问题，加上对计划经济已经完全失去信心，急需新的药方。这个时候，用休克疗法成功挽救玻利维亚的萨克斯，兴冲冲地来到俄罗斯和东欧各国，极力兜售他的新处方。

一边是病入膏肓，一边号称有治病良方，而且牛皮还不是吹的，有成功的案例摆在那里，两者一拍即合。年仅 35 岁的盖达尔在萨克斯的点拨下，炮制了一套激进的经济改革方案，此套方案正对当时领导人叶利钦的胃口，他"慧眼识珠"地将盖达尔破格提拔为政府总理。1992 年新年前夕，叶利钦发表电视讲话，信心百倍地向老百姓公开许诺：只要坚定不移地贯彻休克疗法，到当年年底前国家经济便会稳定，人民生活就会改善。他号召大家一起挺过未来艰难和痛苦的 6~8 个月，然后共享改革带来的成功果实。盖达尔在一边更是无限憧憬地宣称："我们这一代要在发达资本主义制度下生活。"由此一场以休克疗法为模式的改革，在俄罗斯联邦全面铺开。

俄罗斯所推行的休克疗法是以新自由主义理论为指导，试图采取激进办法，即一步到位推行私有化、自由化、市场化，实现经济制度和经济体制转轨的战略。它的具体内容包括三个方面：一是改变社会经济基本制度。取消公有制，实行全面私有化的产权制度；二是转换经济运行体制和机制。全面开放市场，放开物价，让市场自发地调节经济运行；三是为转轨创造稳定的经济环境和条件。实行紧缩的财政和货币政策，防止转轨过程出现通货膨胀。对于这些激进做法，萨克斯给出的理由是，"跨越深渊时不可能用两步""长痛不如短痛"。萨克斯着重强调在尽可能短的时间里三方面的改革齐头并进，这样俄罗斯便可以最快速度完成由计划经济向市场经济的转轨。

这个药方表面上看起来没有什么毛病，环环相扣，自圆其说，有理论，还有实证，但真正服用后的实际效果又怎么样？

休克疗法的重头戏，也就是第一步棋，即放开物价，并辅之以开放金融市场，实行对外经济活动自由化，允许卢布自由兑换、汇率自由浮动。众所周知，苏联经济中计划和控制的程度极高，统一计划价格几乎无所不包。就是在这样一个计划经济基础极其深厚的国度里，俄罗斯政府在独立一个星期后便急

急忙忙昭告天下，从 1992 年 1 月 2 日起，放开 90% 的消费品价格和 80% 的生产资料价格。物价放开的头三个月，似乎立竿见影，收效明显。购物长队不见了，货架上的商品琳琅满目，习惯了凭票供应排长队的俄罗斯人，仿佛看到了改革带来的实惠。可没过多久，物价像断了线的风筝一样扶摇直上，到了 4 月份，消费品价格居然比 1991 年底上涨了 65 倍。老百姓多年的积蓄化为乌有，生活水平直线下降。这个场景堪比当年国民党滥发纸票法币带来的恶果，我们控诉旧社会国民党变"刮民党"时，经常作的一个对比是，法币 100 元 1937 年可买两头牛；1941 年可买一头猪；1947 年只能买到半盒火柴，而俄罗斯的通货膨胀相比较只能说是有过之而无不及。

面对物价上涨，俄政府也知情况不妙，于是想通过国营商店平抑下去，不想黑市商贩与国营商店职工沆瀣一气，将商品转手倒卖，牟取暴利，政府的如意算盘落了空，市场秩序乱成一锅粥。

对此，俄政府紧接着下休克疗法的第二步棋，财政、货币"双紧"政策与物价改革几乎同步出台。财政紧缩主要是开源节流、增收节支。税收优惠统统取消，所有商品一律缴纳 28% 的增值税，同时加征进口商品消费税。与增收措施配套，政府削减了公共投资、军费和办公费用，将预算外基金纳入联邦预算，限制地方政府用银行贷款弥补赤字。政府试图以此控制货币流量，从源头上抑制通货膨胀。可是，这一次政府再次失算。由于税负过重，企业生产进一步萎缩，失业人数激增，政府不得不加大救济补贴和直接投资，财政赤字不降反升。紧缩信贷造成企业流动资金严重短缺，企业间相互拖欠，三角债日益严重。政府最后不得已被迫放松银根，1992 年增发货币累计高达 18 万亿卢布，是 1991 年发行量的 20 倍。在印钞机的轰鸣中，财政货币紧缩政策流产了。

休克疗法的第三步棋是大规模推行私有化。盖达尔认为，改革之所以险象环生，危机重重，主要在于国有企业是市场主体，竞争机制不起作用，必须化公为私。为了加快私有化进程，政府最初采取的办法是无偿赠送。经有关专家评估，俄罗斯的国有财产总值 1.5 万亿卢布，刚好人口是 1.5 亿，于是平均下来每个俄罗斯人领到一张 1 万卢布的私有化证券。这个数值乍一看不少，可是到私有化正式启动，已是 1992 年 10 月，恶性通货膨胀正当高峰，此时的 1 万卢布，只够买一双高档皮鞋。广大老百姓迫于生计，纷纷出卖私有化证券，暴富者乘机廉价收买，私有化证券向他们手中集中，转而利用证券购买企业股票，掌握控股权。在私有化过程中大批国有企业最终以极

其廉价的方式落入特权阶层和暴发户手中，当时的材料记录，俄罗斯 500 家大型国有企业实际价值超过 1 万亿美元，但只卖了 72 亿美元，许多大型企业的售价仅相当于欧洲一个中型面包作坊的价格。掌控企业的新贵阶层最关心的不是企业的长远发展，而是尽快转手营利，企业职工既领不到股息，又无权参与决策，于是做一天和尚撞一天钟，生产经营无人过问，企业效益每况愈下。

　　休克疗法顾名思义，就是一种十分极端的经济政策，它推崇的是大破大立，试图在短期内将俄罗斯原有经济体系彻底解构，然后在废墟上迅速重建。可当时的俄罗斯，已经十分虚弱，根本经不起大折腾，这种猛药急灌的方式，虽然有可能让俄罗斯这个重病患者起死回生，但也有极大的可能，会因为其身体虚弱，经受不住猛烈的药性，而致使病情恶化。而后来的事情发展也不幸地证明，俄罗斯的下场属于后者。新体制不但没有挽救和扭转俄罗斯经济的颓势，反而使俄罗斯的经济彻底崩

盘，社会动荡混乱，1992 年底，失望至极的人们把改革方案设计者盖达尔从议会总理的位置上赶下了台。

据俄杜马听证会公布的材料，从 1992 年到 1996 年，私有化给国家造成的经济损失，相当于卫国战争期间损失的 2.5 倍。正如 1999 年俄罗斯总统普京在他的纲领性文章《千年之交的俄罗斯》中痛陈的那样："俄罗斯已不属于当代世界中经济和社会发展水平最高的国家，20 世纪 90 年代俄罗斯国内生产总值下降近 50%，仅相当于美国的 1/10，中国的 1/5，俄罗斯与先进国家的差距越来越大，正在被推入第三世界的行列。"这个多年来与美国并称"美俄"的另一极，已经失去了在国际上说一不二的影响力，辉煌不复存在。休克疗法那段不堪回首的惨痛经历，今天被很多俄罗斯人称为历史上的第三次浩劫，前两次分别是 13 世纪蒙古铁骑入侵和第二次世界大战中纳粹德国入侵。

休克疗法在南美小国玻利维亚取得过成功，为什么这种治疗方案到了欧洲大国俄罗斯，却是药不对症？原因其实也并不复杂，毕竟玻利维亚的成功只是个个案，没有经过大面积使用验证，算不上是一套成熟的理论。而且玻利维亚与俄罗斯的国情还有较大的不同。玻利维亚原来搞的就是市场经济，国有企业少，经济总量也不大，整个国家"船小好调头"，加上又有西方大国帮衬，靠市场机制来熨平通胀，容易取得成功。这些条件，俄罗斯一样也不占，旧有的积弊存量那么大，却偏要心想一口吃个胖子，拿国运做赌注，把未经充分验证、存在极大不确定性的休克疗法仓促抛出，满以为播下的是龙种，可到头来收获的却是一地跳蚤。

此后，俄罗斯经济一蹶不振，进入了十年漫长的寒冬，直到近些年来才开始出现难得的好转趋势，于是有人说，休克疗法终于初见成效了。但与其说是休克疗法终于见效，不如说是一个人曾误信了庸医，吞服"毒药"，期盼着神奇疗效，却没想到大病了十年之久，"短期阵痛"变成挥之不去的"长痛"，终于开始怀疑大夫，对药方稍加调整，病情却出人意料地明显好转。

"药方的改变"包括后来的继任者普京敢于纠正叶利钦时期的错误，搁置了一系列私有化计划，特别是能源、通信等战略行业的私有化，并采取措施打击私有化中崛起的金融寡头。在普京的铁腕治理下，俄罗斯的种种跌势才得以制止，并逐步回升。但是，病情明显好转并不意味着康复，俄罗斯大病十年之后仍很虚弱，还需要长期对症的治疗调养，经济的发展仍具有极大的不确定性。但是无论怎样，即便是俄罗斯的经济未来能全面地、持续地好起来，那也无法证明其改革头十年衰退的合理性和必要性。实践已充分证明，休克疗法无力完成经济振兴这一重大历史使命，要想重振当年超级大国雄风，俄罗斯恐怕还是得从自己的成功和失败中吸取经验和教训，找出一条适合自己国情的发展之路。

摸着
石头过河

—— 渐进式改革方法

改革开放40多年，如果要提一个改革开放的标志性语言，许多人会说"摸着石头过河"，这句话今天在中国已经成了家喻户晓的经典话语。"摸着石头过河"原是一句民间歇后语，完整地说是"摸着石头过河——踩稳一步，再迈一步"或者"摸着石头过河——求稳当"。意思是说一个人想过一条不熟悉的河，在没有前人给出经验、没有船也没有桥等的情况下，就只能以身试水，试探摸索着河里的石头，以较为保守求稳当的方法逐步搞清这条河哪个地方水深，哪个地方水浅，并想办法安全涉水。如果冒冒失失下水，不看条件不看时机地一味求快、蛮干，就可能面临溺水的危险。

隔事不隔理，中国的改革开放也是这样。在改革开放之初，对于改革什么、怎样改革，哪些先改、哪些后改，哪些要到下一个阶段才能改等问题，我们没有完全弄清楚，所有的事情都不明朗，什么都处于探索阶段，手上并没有一个清晰和完整的宏伟蓝图，这个时候我们只能摸着石头过河。其中，这里说的"河"是改革拟解决的问题，"摸"是认识，"石头"是实践和实际情况。摸着石头过河的过程，也就是实践、认识、再实践、再认识的过程。

很显然，面对一条陌生的河，且对河水深浅、水流急缓等情况一无所知，摸着石头过河显然是最可行和最安全的办法。"摸着石头过河"是指在不明确政策实施效果的前提下，去发现问题和解决问题的方法，它符合人们对客观规律的认识过程，符合事物从量变到质变的辩证法。我们改革开放40多年就是这样走过来的。

实行改革开放，发展社会主义市场经济，是前无古人的事情，不可能一蹴而就。实践中，对必须取得突破但一时还不那么有把握的改革，采取试点探索、投石问路的方法，先行试点，先易后难，鼓励创造，鼓励探索，取得经验后再推开。这种合理设计并稳步推进各项改革政策的方法不仅大幅度降低了试错成本，还为创造各种新的经济增长点提供了可能，是探索改革路径、化解改革风险、降低改革成本、提高改革效率的重要手段。正是有了"摸着石头过河"的探索历程，我们才积累了经验，摸到了规律。可以说，"摸着石头过河"是对40多年改革开放过程中脚踏实地、尊重实践、从实践中摸经验摸规律，努力做到实事求是的一种形象说法，也是推进改革健康有序发展的一种重要改革方法。

"1979年，那是一个春天，有一位老人在中国的南海边画了一个圈。神话般地崛起座座城，奇迹般聚起座座金山……"这是改革开放代表歌曲《春天的故事》里的歌词，歌曲记录了深圳特区乃至整个中国天翻地覆的变化，歌颂了改革开放总设计师邓小平同志的丰功伟绩。

1980年8月，中国正式设立首批4个经济特区，深圳、珠海、汕头、厦门被历史选中，一跃成为改革开放的"先行者"和"排头兵"。诞生之初，特区受到不少责难和非议，有人甚至攻击特区是资本主义性质的"租界"，说特区除了五星红旗还是红的以外，其他的都变色了。面对着种种争议和压力，4个经济特区发扬敢闯敢试、敢为人先、埋头苦干的特区精神，在各个体制机制改革方面先行先试，大胆探索，"三来一补"、土地

使用权公开拍卖、创业板注册制改革、深圳"智造"……一系列新的做法形成了很多成功经验，在全国范围内产生了重大的影响。

随着经济特区创建工作陆续展开，短短几年时间，"三天一层楼"的"深圳速度""水草寮棚"的渔民村变身"家家万元户、户户小洋楼"，处处旧貌换新颜的崭新变化让我们欣喜地确信特区的发展方向没有错。在经济特区先行先试的基础上，我们采取了渐进式改革开放策略，以经济特区的"点"带动沿海地区的"线"，再辐射内陆地区的"面"，从而形成全方位、多层次、宽领域的对外开放格局。1984年开放政策进一步扩大到沿海 14 个城市；1988 年海南正式改制为省并划定海南省为经济特区；2010 年，又批准新疆霍尔果斯、喀什成为经济特区。

40 多年来，经济特区为中国社会做出了很多物质层面上的贡献，但最大的贡献是在精神和制度方面的贡献。通过先行先试，形成一批可复制可推广的重大制度创新成果，特区当年很多做法与体制已经成为今日中国社会的普遍做法与体制。特区的创办与成功实践的历程，是我国改革开放以来"摸着石头过河"方法应用的一个精彩缩影与生动反映。

还有价格双轨制的改革。1978 年改革开放大幕拉开后，计划经济体制首先受到挑战。虽然在那时，社会主义市场经济的改革方向还没有明确，但向着一个新的适合中国国情的经济体制转型，已经慢慢成为社会的共识。

一盒火柴两分钱，一斤盐一角三分……计划经济体制下，由于物资短缺，几乎一切商品的价格都由国家说了算，而且还需要凭票证购买，老百姓对此颇有怨气。为了缓解巨大的商品供需矛盾，刺激企业生产积极性，价格双轨制应运而生。所谓双轨制，就是在原有的计划内价格外增加一轨：计划外自主定价。这样同一种商品就有计划价和市场价两种价格，计划内价

格由国家确定，计划外价格由市场决定。国家允许国有企业超额完成任务后的产品按照市场价格自行销售，乡镇企业生产的产品也都按市场价格销售。

价格这多出来的一轨，带动非国有经济的发展驶上了快车道。资源配置向生产效率更高、产品更适销对路的企业倾斜，乡镇企业能够通过计划外市场合法买到生产资料，并随行就市销售自己的产品，乡镇企业由此快速成长。这种看似温和、渐进的路径，并非对计划经济体制的不舍，而是为了避免大的经济震荡而进行的一场坚决彻底的告别——通过有秩序地放开不同领域的商品价格，"创造性地毁灭"原有的计划体制。

价格双轨制的精妙之处就在于既然一步到位的整体改革太难，那么我们在暂时不动存量和既得利益的情况下，以双轨为切入点，逐步放开价格，不断做大增量，以渐进改革的方式向真正市场化的一轨不断靠拢和推进。到 20 世纪 90 年代初时，人们惊奇地发现，不知什么时候双轨逐步并轨，增量战胜存量，

市场上所有的产品价格基本都实现了市场价格。夸张点说，我们是在阻力最小的情况下悄然完成了价格改革。

而从双轨制开始的中国特色价格改革，还绝不仅仅是商品从计划价到市场价的过渡，它更重要的意义，是经济制度的转型——从计划经济体制向市场经济体制的转型。价格双轨制为中国引入了市场机制，提高了产品质量和经济效率，促使社会生产逐渐摆脱了短缺，逐渐将社会生产的绝大部分领域纳入市场经济的海洋。

在以双轨制为导火索的价格改革的带动下，我国经济体制改革向纵深推进。20世纪90年代中后期实施国有企业产权改革，本世纪初加入世界贸易组织……经济向着市场化大步迈进，我国社会主义市场经济也展现出极具特色的样貌——公有制为主体、多种所有制并存；市场在资源配置中日渐发挥出决定性作用；按劳分配为主体，多种分配方式并存；走出短缺；全面开放；等等。

实践是对理论最好的诠释，我们正是采用"摸着石头过河"这种方法积小胜为大胜，探索建立了社会主义市场经济体制，开创和发展了中国特色社会主义，它使中国摆脱了落后、封闭和僵化，逐渐成为一个有国际影响力的现代化经济强国。从1978年我国GDP尚不足4000亿元，到2000年GDP突破10万亿元，到2012年突破50万亿元，再到2020年GDP首度突破百万亿元大关、人均GDP超1万美元，这一组直线蹿升的数字记录的是改革开放以来中国经济强劲发展的轨迹。

中国改革走到今天已进入深水区，可以说，容易的、皆大欢喜的改革已经完成了，好吃的肉都吃掉了，剩下的都是难啃的硬骨头。当前，随着中国特色社会主义进入新时代，改革又到了一个新的历史关口，其复杂程度、敏感程度、艰巨程度不亚于40多年前出发之初。随着改革的深入推进，各种新情况新问题层出不穷，必须实现经济、社会和政治体制改革的稳步协调推进。这就必然要求有一个顶层设计和总体规划，才能避免顾此失彼、各自为战、相互脱节。对此有人认为"摸着石头过河"的方法已经不适用于改革的"深水区"了。

确实，与改革开放之初相比，我们已是家大业大，容不得大的闪失，今天的深化改革，需要有一个宏观的、有战略性的、高端的总体设计，加强顶层设计已成为时代之需，但这并不意味着不需要"摸着石头过河"。全面深化改革是一个上下互动、互为补充的过程，既需要"摸着石头过河"，也需要顶层设计，二者缺一不可。

顶层设计是自上而下地协调各种关系，强调高层的作用。"摸着石头过河"是自下而上地开展改革探索，强调基层的作用；顶层设计是战略思维和宏观设计，其特征是系统性、整体性、协同性。"摸着石头过河"是战术思维和微观设计，其特征是实践性、渐进性、探索性；顶层设计主要是设计改革蓝图、规划改革步骤、明确改革方向，制定改革的时间表、路线图。"摸着石头过河"主要是摸市场规律、摸执政规律，摸经济形势、摸社会脉动，摸中国国情、摸世界大势。

加强顶层设计和"摸着石头过河"是辩证统一的。不告别碎片化的改革，改革难以为继；没有在改革的征程中的"摸着石头过河"，顶层设计也无法落地或得到修正。因而，在改革再出发之际，顶层设计与"摸着石头过河"这两种方式要形成良性互动："摸石头"要在顶层设计既定的"时间表""路线图"里稳步推进，不是脚踩西瓜皮，滑到哪里算哪里；同时，顶层设计也不能闭门造车，而是要吸纳"摸石头"过程中的经验与教训。这样不仅让改革有明确的目标指向，而且能够让目标在实践中落地，从而确保顶层设计切合实际并与时俱进，大大降低改革的风险与成本，不断把改革开放引向深入。

"摸着石头过河"作为改革探索的一般方法，其所蕴含的理念、精神和方法在整个改革进程中都行之有效，不会过时。2012 年 12 月，习近平总书记在十八届中央政治局集体学习时指出："摸着石头过河，是富有中国特色、符合中国国情的改革方法。摸着石头过河就是摸规律。"他说："今天我们还要采取试点探索、投石问路的方法，取得了经验，形成了共识，看得很准了，感觉到推开很稳当了，再推开，积小胜为大胜。"

要实现中华民族伟大复兴的中国梦，中国的发展之路还很长，面对的挑战和不确定性还很多，为了少犯错误，特别是为了避免犯颠覆性的错误，各项改革开放措施必将继续利用"摸着石头过河"与顶层设计相结合的思路方法，进一步推动改革开放事业"蹄急步稳"前行，向着更辉煌的未来健步前行。